3"½

DEKORATIVE Maltechniken

in Haus und Wohnung

Mª Victoria López Santacruz

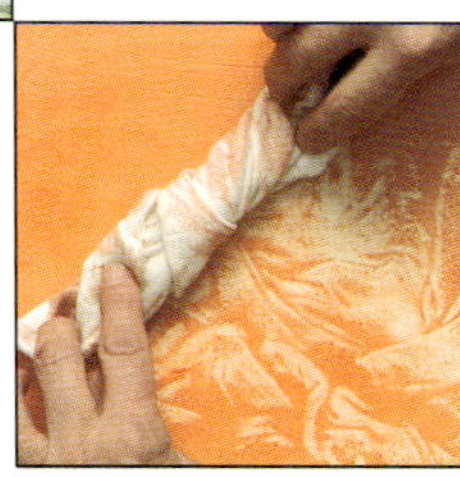

DT DEKORATIVE TECHNIKEN

EDITION
MICHAEL FISCHER

DEKORATIVE Maltechniken

in Haus und Wohnung

EDITION
MICHAEL FISCHER

Inhalt

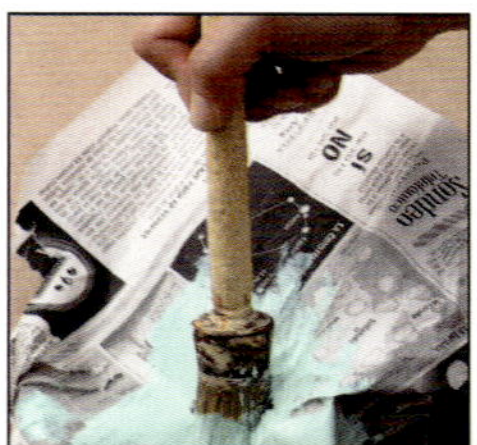

Kapitel 1

DIE DEKORATIVE MALEREI: URSPRUNG UND MATERIALIEN

Kapitel 2

DIE FARBE

Kapitel 3

GRUNDVORBEREITUNGEN FÜR DIE DEKORATIVE MALEREI

4 Kapitel

TECHNIKEN AUF WASSERBASIS

DEKORATION MIT TECHNIKEN AUF WASSERBASIS

5 Kapitel

TECHNIKEN AUF ÖLBASIS

DEKORATION MIT ÖLTECHNIKEN

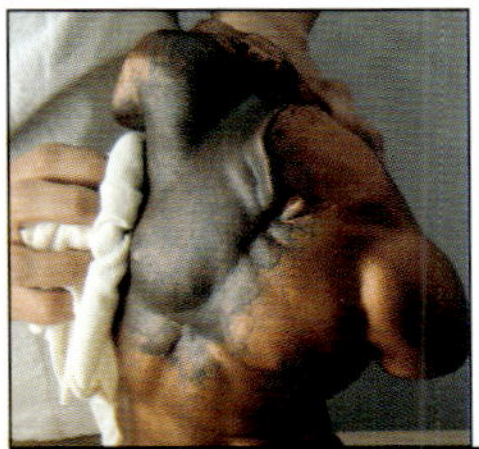

6 Kapitel

PATINAS

DEKORATION MIT PATINAS

Einführung

Die Strukturen und Texturen, die man mit der dekorativen Malerei erreicht, verändern jedes Ambiente, Möbelstück und jeden Gegenstand und sorgen für ein angenehmeres, attraktiveres Umfeld. Das Ziel der Dekoration besteht darin Möbeln, Gegenständen und Wänden einen persönlichen Anstrich zu verleihen. Die dekorative Malerei kennt keine Beschränkungen. Durch die Technik und die eigene Kreativität erzielt man unerwartete Ergebnisse, die ihre gesamte Umgebung einbeziehen und Farben, Texturen und Effekte kombinieren. Die Informationen, die wir Ihnen in diesem Buch liefern, wenden sich sowohl an Leser, die sich zum erstenmal mit der dekorativen Malerei befassen als auch an erfahrene Experten. Es ist ein praktischer Führer mit einer großen Anzahl von Vorschlägen, die je nach Benutzer und Anwendung jederzeit verbessert oder variiert werden können. Die ersten Kapitel befassen sich mit den Ursprüngen und der Herkunft der dekorativen Malerei und ihrer Verwendung. Es folgt eine ausführliche Beschreibung der Pinsel, der Geräte und des Zubehörs, das man am häufigsten für die unterschiedlichen Dekorationen und Effekte benötigt. Ab dem vierten Kapitel finden Sie eine schrittweise Beschreibung der einzelnen Techniken und Materialien, ergänzt von fotografischen Abbildungen, mit der Sie nach entsprechender Vorbereitung unterschiedliche Strukturen auf Holz, Gips, Steinwänden etc. realisieren können. Mit den in diesem Buch vorgestellten Techniken lassen sich prachtvolle Dekorationen mit originellen Effekten an unendlich vielen Objekten erzielen. Außerdem finden Sie Hinweise darüber, wie man seine Farben aus natürlichen Pigmenten und weiteren Grundbestandteilen selber herstellt.

María Victoria López Santacruz

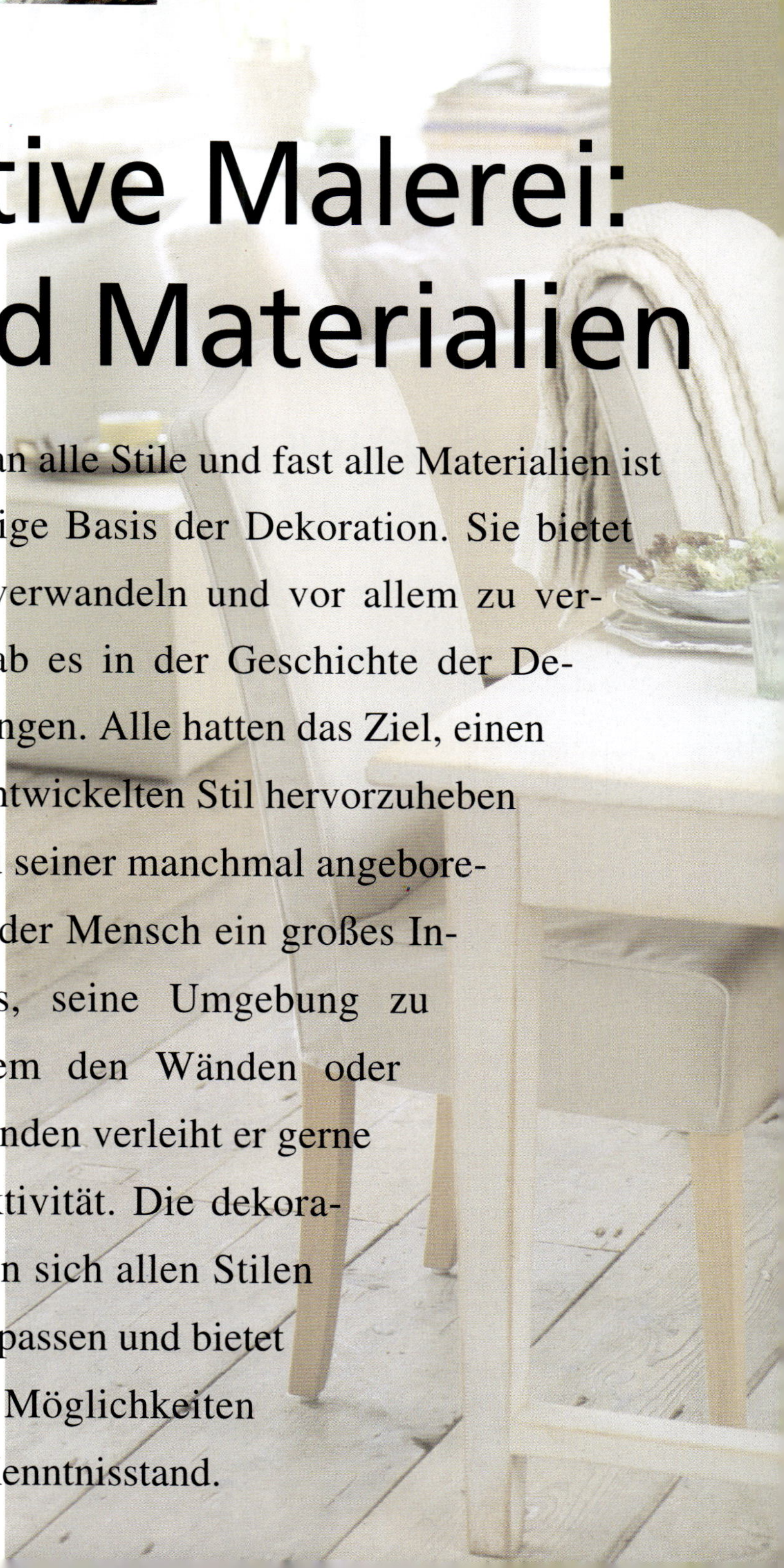

1

Die dekorative Malerei: Ursprung und Materialien

Wegen ihres Anpassungsvermögens an alle Stile und fast alle Materialien ist die dekorative Malerei eine wichtige Basis der Dekoration. Sie bietet Möglichkeiten, das Umfeld zu verwandeln und vor allem zu verschönern. In allen Kulturen gab es in der Geschichte der Dekoration zahlreiche Veränderungen. Alle hatten das Ziel, einen im Laufe der Jahrhunderte entwickelten Stil hervorzuheben und zu veredeln. Aufgrund seiner manchmal angeborenen Kreativität verspürt der Mensch ein großes Interesse und Bedürfnis, seine Umgebung zu schmücken. Vor allem den Wänden oder schlichten Gegenständen verleiht er gerne zusätzliche Attraktivität. Die dekorative Malerei kann sich allen Stilen und Formen anpassen und bietet individuelle Möglichkeiten für jeden Kenntnisstand.

Was ist dekorative Malerei?

Seit Jahrhunderten verwenden die Dekorateure die dekorative Malerei, um Gegenstände und Räume sowie Fassaden und Interieurs zu verschönern und und teure Materialien nachzuahmen. Die Imitation von Marmor, Holz und kostbarem Stein erzeugt Effekte von großem visuellen Reiz. Die dekorative Malerei verleiht den Wänden und Möbeln einen Hauch von Echtheit und führt Effekte und Strukturen ein, die unsere Umgebung verschönern.

Ursprünge und historische Daten

Aus fast allen alten Kulturen sind Überreste der dekorativen Malerei erhalten. Schon in der Steinzeit schmückten die Menschen ihre Höhlenwände mit Jagdszenen als rituelle Symbole und auch als künstlerischen Ausdruck.

Zahlreiche Völker der Antike, so die Ägypter, die Griechen und die Römer, verschönerten die Wände ihrer Tempel, Häuser und öffentlichen Gebäude mit Farbe. Dieses Bedürfnis nach künstlerischem Ausdruck findet sich verstärkt in Pompeji, wo noch heute Ausschmükkungen mit dekorativer und ornamentaler Malerei zu bewundern sind, zum Beispiel im Haus der Livia, dessen Wände gut erhalten sind.

In vielen Kulturen, so der afrikanischen und einigen mittelamerikanischen, betrachtete man die Pigmente und die Farben als heilige Geschenke der Erde. Man benutzte sie für Rituale und schmückte damit den Körper, die Gewänder und die Häuser.

Bildnerische Kreativität findet man praktisch in allen Epochen, angefangen von den bemalten Gefäßen der Vorgeschichte über mittelalterliche Fresken bis zu den innovativen Zeichnungen der deutschen Bauhaus-Schule, die vor dem Zweiten Weltkrieg eine Revolution innerhalb der handwerklichen Gestaltung auslöste.

Zu manchen Zeiten der Geschichte, vor allem während der Renaissance am Ende des 15. Jahrhunderts und zu Beginn des 16. Jahrhunderts, stand die Dekoration fast ausschließlich im Dienst der Religion, da die sozialen Veränderungen, die Kriege und die demographischen Verschiebungen kein Tätigkeitsfeld in anderen Gesellschaftskreisen ermöglichten. Vor allem in Kirchen und Kathedralen findet man großen malerischen Reichtum, in dem religiöse Themen überwiegen, da die wirtschaftliche Macht der Kirche diese Künste förderte.

Wie bereits erwähnt, verwendete man durch all die Jahrhunderte unzählige Verarbeitungen und Effekte mit Farbe, um die unterschiedlichsten Möbel, Gegenstände und Wände als Alternative zu einem schlichten Erscheinungsbild zu schmücken.

Im 17. Jahrhundert wurde es Mode, sich mit Materialien wie exotische Hölzer, Schildpatt, Edelsteine, Brokat und prächtigem Gold zu umgeben. Dies geschah mit Hilfe von Imitationen aus Farbe, die erheblich preiswerter waren.

Die Kreativität treibt den Menschen, zu forschen, neue Strukturen zu erproben und unterschiedliche Materialien zu imitieren.

Herrliches Fresko in einem Tempel des 18. Jahrhunderts, gemalt auf alten Fresken an der Wand des Sulamani in Bagan, einer Stadt im antiken Burma.

Die Techniken im Verlauf der Jahrhunderte

Beim Blättern in alten Handbüchern über die Maltechniken findet man Hinweise auf seltsame Formeln, mit denen die Maler früher ihren Leim herstellten, um ihn anschließend mit Erde und Pigmenten zu Farben zu mischen. Sie siedeten Schaf- oder Kaninchenfelle, manchmal auch die Knochen bestimmter Tiere, bis sie eine gallertartige Masse erhielten, die sie mit Flüssigkeiten mischten und die Pigmente darin auflösten. Auch Molke oder Käse als dessen Produkt diente als Bindemittel, das heute noch für handwerklichere Arbeiten verwendet wird: Kasein, mit dem man Wände, Mauern und Möbel bemalte. Kaseinfarben benutzte man auch für den schlichten, angenehmen Shaker-Stil. Harze aus Pflanzen und Bäumen waren zu allen Zeiten Bestandteile der Farbmischungen. Manche dieser Formeln, von denen einige äußerst seltsam und originell sind, werden noch heute für handwerkliche Arbeiten eingesetzt.

Fröhliche Farben schmücken die Gebäudefassaden. Ein Beispiel dafür ist dieses Haus in kräftigem Rosa, das sich im Stadtteil Triana in Sevilla, Spanien, befindet.

Tendenzen

In der aktuellen Dekoration geht die Tendenz dahin, traditionelle Verfahren und Farben wieder zu entdecken und mit ihren zarten Nuancen die Stimmungen vergangener Epochen zu imitieren. Ein Beispiel dafür ist die „Arts and Craft"-Bewegung, die sich stark am Mittelalter inspiriert und vierhundert Jahre später fast dieselbe Palette aus Erdfarben, Rot, Ocker, Braun, Grün und Dunkelblau mit natürlichen Pigmenten verwendet.
Es ist ein großer Vorteil, daß der Handel heute die gleichen oder ähnlichen Materialien anbietet, die vor Jahren verwendet wurden, zum Beispiel Spezialpinsel, die inzwischen in Serie angefertigt werden. Daraus folgt, daß man die alten Techniken quasi mit demselben Werkzeug und denselben Produkten wie früher imitieren kann.
Historische Vorbilder können uns Anregungen für die Farbwahl liefern, indem wir uns an ihren Stilen inspirieren, Informationen über die geographischen Zonen sammeln und das Material der jeweiligen Länder oder Gebiete studieren. All das kann uns helfen, ein Ambiente aus Strukturen oder Farben wieder erstehen zu lassen. Graugrüntöne erinnern uns an Skandinavien; Safran, Rot und Violett versetzen uns nach Mittelamerika. Leuchtende Pastelltöne gehören zu Kuba. Strahlendes Blau, warmer Ocker und zartes bräunliches Rosa erinnern an die Mittelmeersonne. Siena und Terrakotta verbinden wir mit Frankreich und Italien.
Die Tendenzen ändern sich ständig. Man muß sich also informieren, wenn man die besondere Stimmung einer Epoche und ihres Stils wiedergeben möchte.

Verwendung

Die Verwendung der dekorativen Malerei ist praktisch unbegrenzt, denn sie läßt sich auf jedem Untergrund einsetzen. Man kann kleine Gegenstände, Möbel und Wände mit unzähligen dekorativen Effekten schmücken, die von ganz schlicht bis raffiniert reichen.
Die Vorbereitung des Malgrunds, der empfindlich, porös oder undurchlässig sein kann, ist für das gute Endergebnis von wesentlicher Bedeutung. Nach entsprechender Grundierung läßt sich jede Fläche dekorativ verzieren. Man kann jedem Raum und jedem Gegenstand einen persönlichen Anstrich verleihen. Allerdings sind vor allem in Wohnungen zahlreiche Faktoren zu berücksichtigen, zum Beispiel die Fläche, die Proportionen, die Beleuchtung und die Textur.
Manchmal wird die Farbe nicht nur als dekoratives Element verwendet, sondern sie löst auch strukturelle Probleme oder beseitigt Defekte.

Mehrfarbiger Stuhl mit versilberten Schnitzereien und roter Farbe in der Eitemperatechnik.

Das Material

Es gibt eine große Vielfalt an Material, mit dem sich perfekte Endverarbeitungen erzielen lassen. Ungeeignetes Werkzeug kann gelegentlich das fertige Ergebnis beeinträchtigen. Mit einer guten Ausstattung und deren korrekter Verwendung erhalten selbst schlichte Effekte eine hohe Qualität. Alle Fachgeschäfte führen ein breites Sortiment an Material und Zubehör, mit dem die einzelnen Dekorationstechniken ausgeführt werden. In diesem Kapitel machen wir Sie mit dem Material bekannt, das man am häufigsten für die dekorative Malerei verwendet. Man benötigt nicht alle Dinge. Aber es kann nicht schaden, wenn man zumindest die Merkmale kennt.

Bürsten und Pinsel

Zahlreiche Pinsel und Bürsten lassen sich für vielfältige Arbeiten einsetzen. Andere verwendet man nur für ganz bestimmte Effekte. Die Bezeichnung Pinsel oder Bürsten richtet sich nach dem Haarkörper und der Form des Stiels. In einigen Fällen sind diese durch eine Metallzwinge verbunden. Ferner gibt es breite Sortimente der einzelnen Pinselarten, so daß man für jede Fläche die entsprechende Größe zur Verfügung hat, was die Arbeit erleichtert.

Flächen- und Malerpinsel

• Schweinsborstenpinsel
Diese sind vielseitig verwendbar. Sie besitzen ein großes Fassungsvermögen und eignen sich daher ausgezeichnet für große Flächen. Für heiklere Arbeiten gibt es Pinsel mit abgerundeter Oberkante, mit der sich die Farbe besser in die Ecken und auf Leisten tragen läßt.

• Lackierpinsel
Diese Pinsel verwendet man für Öl- und Lackierarbeiten. Es gibt sie in unterschiedlichen Formen und Größen. Der Haarkörper besteht aus ziemlich weichen schwarzen Schweinsborsten, die keine Spuren hinterlassen.

• Schläger
Sie besitzen einen langen Haarkörper und werden für Holz- und auch Gewebeimitationen verwendet. Drücken, Schlagen, oder Streichen bewirkt unterschiedliche Effekte.

Lackierpinsel

Schläger

Schweinsborstenpinsel

Runde Schweinsborstenpinsel

Flache Schweinsborstenpinsel

Fehhaarpinsel

Künstlerpinsel

Äderungspinsel

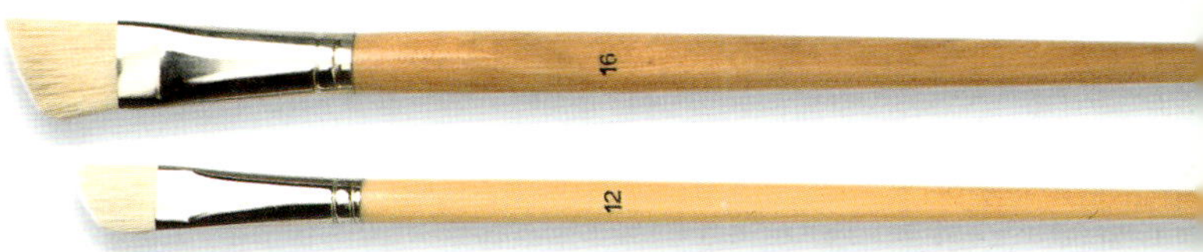

Abgeschrägte Pinsel

Pinsel

• Runde Schweinsborstenpinsel
Sie und eigenen sich sowohl zum Malen als auch zum Mischen. Ferner trägt man Produkte wie Wachs, Talkum, Asphaltgraphit etc. damit auf.

• Flache Schweinsborstenpinsel
Man verwendet sie für Öl- und Wasserfarben. Wegen ihres flachen Haarkörpers ist das Fassungsvermögen geringer.

• Künstlerpinsel
Sie können aus Naturhaar oder Synthetikfasern bestehen, wobei letztere preiswerter sind. Es gibt sie in einer breiten Skala von Formen und Größen. Rundpinsel werden hauptsächlich für wasserlösliche Farben verwendet, Flachpinsel für Ölfarben. Sie eignen sich sowohl für die Freihandmalerei als auch für delikatere Arbeiten.

• Äderungspinsel
Sie eigenen sich sehr gut zur Anlage der Adern von Marmor. Es gibt sie in mehreren Größen und mit unterschiedlich langem Haarkörper. Letzterer besteht aus weichen Schweinsborsten.

• Abgeschrägte Pinsel
Sie bestehen aus Schweinsborsten unterschiedlicher Länge und werden zum Ziehen von Linien und zum Imitieren von Fugen verwendet. Am besten eignen sie sich für Ölfarben.

• Strichzieher
Sie werden zum Ziehen von Linien auf Möbeln und Wänden verwendet, bestehen aus Rindshaar und haben einen geraden oder einen schrägen Haarkörper.

Aufgrund ihres großen Fassungsvermögens eignen sie sich für lange Striche.

• Fehhaarpinsel
Sie werden zum Imitieren von Marmor und für die Abschlußarbeiten von Holzimitationen verwendet, aber nur und ausschließlich für Ölfarben.

• Schablonierpinsel
Es gibt sie in unterschiedlicher Größe und Qualität, und zwar aus Schweinsborsten wie aus Kunstfasern. Wegen ihres flachen kurzen Haarkörpers eignen sie sich besonders für die Schablonenmalerei und ermöglichen eine gute Kontrolle des Farbverlaufs. Man hält sie senkrecht zur Malfläche.

Schablonierpinsel

Strichzieher

Vertreiber mit kurzem Haar

Flachpinsel aus Schweinsborsten

Flachpinsel aus Synthetikfasern

Fehhaarpinsel

Flächenstreicher

Breite Flachpinsel

• Flachpinsel aus Schweinsborsten
Sie existieren in unterschiedlicher Qualität und eignen sich für kleinere Arbeiten mit Öl- und Wasserfarben. Traditionell verwendet man sie zum Streichen von Fensterrahmen.

• Flachpinsel aus Synthetikfasern
Normalerweise verwendet man sie für Wasserfarben. Aufgrund ihres weichen Haarkörpers ermöglichen sie eine gleichförmige, glatte Ausarbeitung. Sie sind leicht zu reinigen und aufzubewahren.

• Fehhaarpinsel
Für zarte Arbeiten mit Firnis und Lack. Ihr Haarkörper besteht aus sehr weichem Fehhaar.

• Flächenstreicher
Sie bestehen aus kurzen Schweinsborsten und eignen sich zur Bearbeitung von großen Flächen. Trocken eingesetzt, heben sie die Farbe teilweise wieder ab und erzeugen bestimmte Effekte. Aufgrund ihrer Geschmeidigkeit kann man auch große Flächen damit abdecken.

• Maserierpinsel
Sie bestehen aus Schweinsborsten unterschiedlicher Länge und eignen sich besonders für Ölfarben. Senkrecht gezogen, erzeugen Sie eine Maserierung. Sie werden auch mit bündelweise abgeteiltem Haar in unterschiedlicher Breite hergestellt. Mit ihnen imitiert man durch zarten Druck die Maserung von Holz. Außerdem kann man breite gemaserte Streifen damit darstellen.

Punktierbürste

Weiteres Material

• Vertreiber mit kurzem Haar
Flachpinsel aus Schweinsborsten, mit denen man Lasuren anlegt und auch gewisse Effekte, Streifen oder Moirees erzeugt.

• Fächerpinsel
Aus Schweinsborsten verwendet man sie für die Ölmalerei und für breite Striche mit wenig Farbe. Ferner ergeben sie eine gute Maserierung. Fehhaarkörper eignen sich eher für Wasserfarben.

• Punktierbürste
Sie bestehen aus Schweinsborsten und sind in unterschiedlicher Größe erhältlich. Man verwendet sie für dekorative Effekte wie das Punktieren mit Ölfarben.

• Dachsvertreiber
Sie erfreuen sich großer Beliebtheit innerhalb der dekorativen Malerei. Ihr Preis variiert je nach Größe und Qualität. Man streicht nur mit den Spitzen äußerst leicht über die Fläche, um ein perfektes Endergebnis zu erhalten. Dabei verwischen und verschmelzen sich überlagernde Lasuren.

Fächerpinsel

Maserierpinsel

Dachsvertreiber

Zubehör

Neben dem großen Sortiment an Pinseln und Bürsten führt der Handel etliches Zubehör, um das Auftragen der Farbe zu erleichtern. Dies gilt sowohl für die Anlage großer Flächen, die man später mit Effekten versehen möchte, als auch für die Effekte selber. Rollen aus Schaumgummi, Wolle oder Velour eignen sich ausgezeichnet zum Abdecken gleichförmiger Flächen großen oder mittleren Formats. Das gute Endergebnis beruht immer auf einer angemessenen Vorbereitung für die Grundschichten. Auch kleine Schaumgummiapplikatoren. Lappen oder Schwämme werden zum Abdecken von Flächen mit Grundierung, Farbe oder Firnis verwendet. Schwämme, Lappen und Spachteln eignen sich manchmal ferner zum Auftragen von Farbe oder Strukturen als bestimmte Effekte.

• Malerrollen
Malerrollen sind ein nützliches Gerät zum gleichförmigen Verstreichen der Grundfarbe sowie zum Abdecken großer Flächen. Sie werden in unterschiedlichen Größen und Qualitäten angeboten, nach denen sich ihre Eignung für Wasser- oder Ölfarben richtet. Auch Lacke lassen sich damit wesentlich rascher und gleichförmiger auf große Flächen tragen.

• Kunststoffschwämme
Kunststoffschwämme sind preiswerter als Naturschwämme. Mit ihnen erzielt man unterschiedliche dekorative Effekte. Sie sind in zahlreichen Formen, Größen und Strukturen erhältlich.

• Baumwollappen
Man benutzt sie sowohl zum Entfernen von Farbe als auch zum Anlegen dekorativer Effekte. Wir empfehlen Baumwollmaterial wegen seiner viel größeren Saugkraft.

Schaumgummiapplikatoren

• Wurzelbürsten und Pinsel aus pflanzlichem Material
Mit Wurzelbürsten streicht man leicht über diverse Flächen, um sie altern zu lassen. Die Abriebwirkung ist geringer als mit gewöhnlichem Schleifpapier. Pinsel aus Pflanzenfasern eignen sich hervorragend für die Arbeit mit Kalkfarben, da man große Flächen damit anlegen kann. Vor der Benutzung sollte man sie wässern, da sie so weicher werden.

• Schaumgummiapplikatoren
Sie sind verhältnismäßig neu im Handel und werden für glatte Flächen verwendet. In der Anwendung ergeben sie eine gleichförmige Schicht ohne Spuren und eignen sich für kleine oder mittlere Flächen. Man kann sie für Wasser- und Ölfarben, nicht jedoch für Schellack verwenden.

• Kämme und Gummistempel
Mit ihnen kann man vielfältige Effekte erzielen, angefangen bei der Imitation von Holzmaserungen bis hin zu Phantasiemotiven. Man findet sie in unterschiedlichen Formen und Breiten sowohl aus hartem wie aus weicherem Gummi. Streicht man damit über noch feuchte Ölfarbe, entstehen äußerst vielfältige dekorative Wirkungen.

• Naturschwämme
Diese Schwämme sind zwar teurer als Kunststoffschwämme, eignen sich jedoch am besten für die Anlage von dekorativen Effekten. Es gibt sie in unterschiedlicher Größe und Qualität.

Kämme und Gummistempel

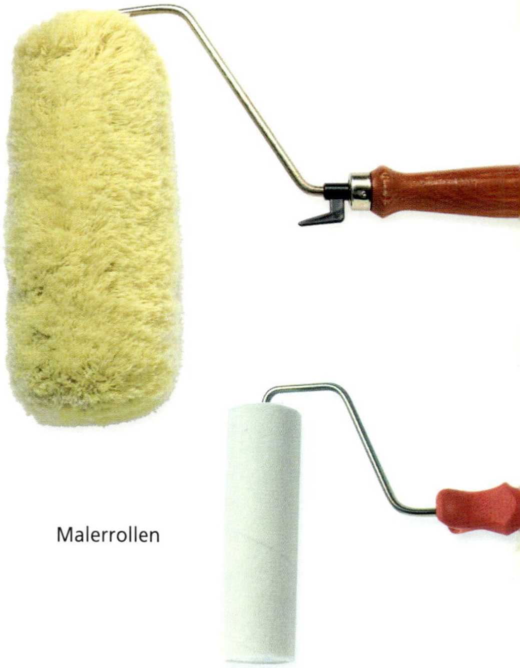

Malerrollen

Naturschwämme

Wurzelbürsten und pflanzliche Pinsel

Kunststoffschwämme

Weiteres Zubehör

Neben Pinseln und Bürsten benötigt man in zahlreichen Fällen weiteres Zubehör und Material, um ein zufriedenstellendes Arbeitsergebnis zu erhalten. Davon hat man vieles sowieso im Haus, braucht aber nicht alles zu verwenden. Die Auswahl hängt von der Ausführung der Arbeit oder dem Projekt ab, das man in Angriff nehmen möchte.

• Wasserwaage
Eine Wasserwaage ist unbedingt erforderlich, wenn man gerade Linien an die Wände ziehen muß oder ein Muster senkrecht zur Decke oder zum Boden ausrichten möchte.

• Rupfentücher
In zahlreichen Fällen verwendet man neben Pinseln und Bürsten weiteres Material, um eine dekorative Wirkung zu erzielen. Rupfen wählt man zur Imitation von Holz und streicht dazu mit dem Gewebe über die Arbeitsfläche.

• Spachteln
Sie sind sehr praktisch zum Mischen und Auftragen einer Paste sowie zum Abkratzen von Farbschichten. Es gibt sie in unterschiedlicher Größe und Breite. Die eckigen eignen sich ausgezeichnet zum Strukturieren von Flächen.

• Gummihandschuhe
Gummihandschuhe schützen die Haut vor Berührung mit giftigen oder schwer zu entfernenden Substanzen. Man sollte sie grundsätzlich anziehen, wenn man mit derartigem Material arbeitet.

• Klebestreifen und Abdeckbänder
Man verwendet sie zum Befestigen von Schablonen und zum Schutz von Stellen, die nicht bemalt werden sollen. Sie müssen sorgfältig angebracht werden, damit die Farbe nicht darunter dringt. Länger als 24 Stunden sollten sie nicht haften bleiben.

• Senkblei
Dies ist ein wichtiges Zubehör für die dekorative Malerei. Man prüft damit nach, ob die Linien auf großen Flächen absolut senkrecht verlaufen.

• Staubtücher
Sie eigenen sich zum Polieren von Arbeiten mit Wachs und zum vorsichtigen Entfernen von Staubresten.

Plastikfolie

Klebestreifen

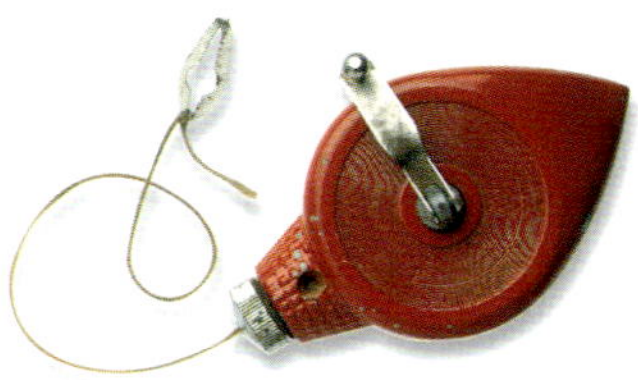
Senkblei

Spachteln

Staubtücher

Rupfentücher

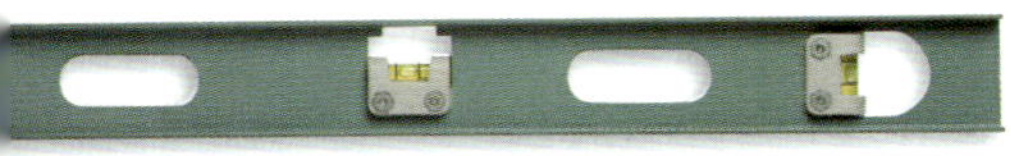
Wasserwaage

Spachteln

Gummihandschuhe

• Plastikfolie
Sie ist unverzichtbar, um Möbel und Böden in den Arbeitsräumen zu schützen. Ferner lassen sich gewisse dekorative Effekte in Lasuren damit erreichen.

• Schleifpapier
Man benötigt es sowohl für eine gute Endverarbeitung als auch zur Vorbereitung von Flächen, die man dekorieren möchte. Gelegentlich verwendet man es ferner, um Gebrauchsspuren zu erzeugen. Es ist in zahlreichen Größen und mit unterschiedlicher Körnung erhältlich. Naßschleifpapier wird zuvor mit Wasser angefeuchtet und hinterläßt eine sehr zarte Wirkung.

• Stahlwolle
Stahlwolle gibt es von Extragrob zum Schmirgeln bis zu sehr weichem Material für Abschlußarbeiten. Man verwendet sie wie Schleifpapier je nach Körnung zum Schmirgeln oder Polieren.

• Gefäße
Zum Mischen der Farben und der unterschiedlichen Materialien benötigt man mehrere Gefäße. Es kann sich sowohl um kleine Becher als auch um Kunststoffbehälter handeln. Die Größe richtet sich nach der zu bearbeitenden Fläche.

• Metallbürste
Mit ihr entfernt man Rost von Metall, stellt aber auch Gebrauchsspuren dar, um einen schon bearbeiteten Gegenstand künstlich altern zu lassen.

• Meßband
Mit dem steifen Meßband aus Metall mißt man große und kleine Flächen aus. Es gibt sie von 2 bis 10 Meter Länge. Besonders praktisch sind sie für senkrechte Messungen.

• Skalpelle und Scheren
Skalpelle, Cuttermesser und Scheren benötigt man vor allem zum Ausschneiden von Schablonen und Zeichenvorlagen. Es gibt sie in vielen Ausführungen, einschließlich gekrümmter Modelle zum Schneiden von Rundungen.

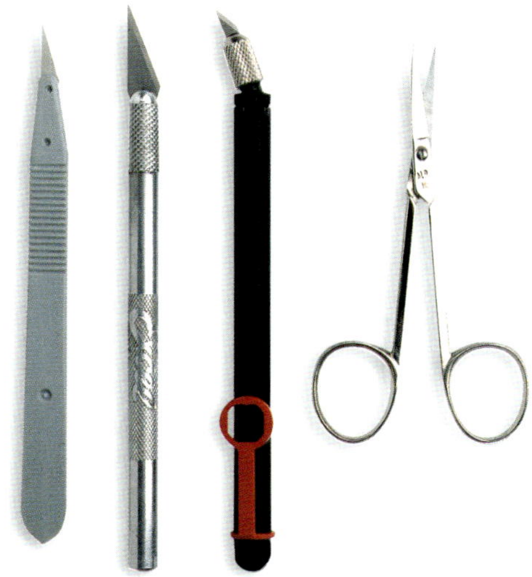

Skalpelle und Scheren

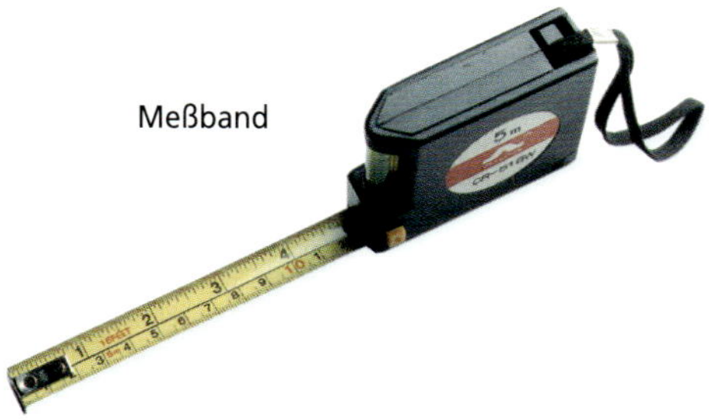

Meßband

Schleifpapier

Stahlwolle

Metallbürste

Gefäße

Reinigung und Aufbewahrung

Die Haltbarkeit der Pinsel, der Bürsten und des sonstigen Materials, mit dem man die Farbe je nach gewünschtem Endergebnis aufträgt, hängt wesentlich von ihrer Sauberkeit ab. Es gibt sehr preiswertes Material. Doch auch bei ihm darf man die Sorgfalt und die Sauberkeit nicht vernachlässigen. Andere Pinsel sind erheblich teurer und müssen schon deshalb äußerst sorgfältig gepflegt werden, damit sie so lange wie möglich halten. Obwohl die Pflege sehr lästig sein kann, ist sie zweifellos von großem Nutzen, da gebrauchte Pinsel häufig bessere Ergebnisse erzielen als neue, die Haare und Staub abgeben.

Neue Pinsel, Bürsten und Schwämme

Neue Pinsel müssen vor Gebrauch sorgfältig mit warmem Wasser gesäubert werden, um den Staub und die losen Härchen zu entfernen, die sich normalerweise in den Haarkörpern befinden. Man wiederholt die Wäsche so lange, bis sich keine Härchen mehr lösen. Dies ist besonders wichtig bei Lackierpinseln. Die Reinigung erfolgt, indem man den Stiel kräftig zwischen den Händen dreht. Neue Naturschwämme werden mehrmals in lauwarmem Wasser gewaschen, um Verunreinigungen durch Sand oder trockene Algen zu beseitigen.
Bei einer Unterbrechung der Arbeit dürfen die Pinsel oder die sonstigen Applikatoren auf keinen Fall trocknen.
Verwendet man lösungsmittelhaltige Farben, taucht man die Pinsel und Rollen in Wasser und drückt sie vor erneutem Gebrauch sorgfältig aus. Bei der Arbeit mit Vinyl- oder Acrylfarben werden die Pinsel und Bürsten in Plastikfolie gewickelt, damit die Farbe frisch bleibt.

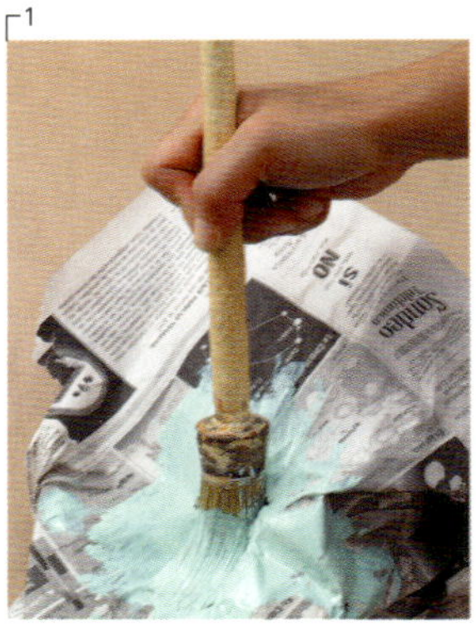

1- Man entfernt die Öl- oder Alkydharzfarbe, indem man über Zeitungspapier streicht.

2- Nachdem die Farbe größtenteils entfernt ist, bewegt man den Haarkörper kräftig in Terpentin, bis er sauber ist.

3- Zum Abschluß wäscht man ihn mit einem Stück neutrale Seife.

Pinsel und Bürsten bei der Verwendung von Alkydharz- und Ölfarben

Hier wird die Farbe zunächst so gut wie möglich mit Zeitungspapier aus den Pinseln, Bürsten und Rollen gedrückt. Anschließend taucht man die Geräte in ein Gefäß mit Terpentin und bewegt sie, bis sich die restliche Farbe gelöst hat. Zum Abschluß werden sie mit neutraler Seife und lauwarmem Wasser ausgewaschen. Spülmittel dürfen nicht verwendet werden, da sie die natürlichen Fette des Haarkörpers zerstören könnten. Die Spülung erfolgt, bis alle Seifenreste entfernt sind. Nachdem der Haarkörper ausgeschüttelt wurde, richtet man ihn gut wieder aus, damit er seine Originalform zurück erhält.

• Weiteres Zubehör
Normalerweise verwendet man Natur- und Kunststoffschwämme für ölhaltige Lasurfarben.
Man drückt den Farbüberschuß in Papier aus und taucht den Schwamm anschließend in Terpentin, bis sich die restliche Farbe gelöst hat. Anschließend wäscht man ihn mit warmem Wasser und neutraler Seife aus und spült ihn, bis keine Seifenreste mehr vorhanden sind. Der Schwamm muß gut getrocknet sein, bevor man ihn weglegt. Gummikämme und Stempel werden genauso gereinigt wie Natur- und Kunststoffschwämme.

4- Es empfiehlt sich, die breiten Pinsel aufzuhängen, damit der Haarkörper seine ursprüngliche Form behält.

5- Rund- und Flachpinsel werden mit dem Haarkörper nach oben aufbewahrt, damit ihre ursprüngliche Form erhalten bleibt.

Pinsel und Bürsten bei der Verwendung von Wasserfarben

Vinyl- und Latexfarben sind nach dem Trocknen sehr schwer zu entfernen. Deshalb müssen die Pinsel, die Rollen und das sonstige Material so rasch wie möglich gesäubert werden.

Beim Entfernen des Farbüberschusses aus dicken Borsten leisten ein vorsichtig eingesetzter Spachtel und eine Metallbürste gute Dienste.

Man spült die Pinsel in einem großen Gefäß aus, damit das Wasser zwischen den Borsten zirkulieren kann, und wechselt es zwischendurch häufig. Anschließend seift man den Haarkörper bis zur Metallzwinge ein und spült ihn zum Abschluß mehrmals, bis die Seife wieder entfernt ist. Das Trocknen erfolgt auf dieselbe Weise wie zuvor.

Ist die Farbe im Pinsel getrocknet, durchtränkt man den Haarkörper mit Spiritus und reibt ihn mit den Fingern, damit die Flüssigkeit gut zwischen die Borsten gelangt. Nach einigen Minuten schäumt man ihn mit neutraler Seife ein und spült ihn mit viel Wasser aus. Einige Pinsel aus besonders empfindlichem Naturhaar, zum Beispiel den Fehhaarpinsel, verwendet man ausschließlich zum Maserieren. Andere aus Rotmarderhaar sind den Öltechniken vorbehalten. Beide werden mit Terpentin gereinigt und anschließend mit Vaseline eingerieben, damit sie ihre Form und ihre Qualität behalten. Vor erneutem Gebrauch entfernt man die Vaseline mit Terpentin.

Künstlerpinsel aus Naturhaar oder aus Kunstfasern reinigt man je nach zuvor benutzter Technik wie die Bürsten. Sie müssen äußerst sorgfältig behandelt werden, damit sie lange wie neu bleiben. Für einige Pinsel gibt es kleine Kunststoffkappen, die verhindern, daß sich der Haarkörper verformt.

1

1- Die Pinsel müssen mit viel Wasser ausgespült werden.

2

2- Mit einer Bürste entfernt man den Farbüberschuß aus dem Haarkörper.

3- Damit der Haarkörper seine Form und seine Qualität behält, sollte man ihn mit Vaseline einreiben.

3

• Weiteres Zubehör

Alles Material für wasserhaltige Farben einschließlich der Natur- und Kunststoffschwämme wird zunächst in warmem Wasser eingeweicht, bis sämtliche Farbreste entfernt sind, anschließend mit neutraler Seife gewaschen und erneut gespült, bis das Wasser klar bleibt.

Achtung

Es ist äußerst wichtig, daß die Lappen und Wattebäusche, die man mit Lasur- oder Lackfarbe verwendet, sorgfältig an der Luft getrocknet werden. Keinesfalls darf man sie feucht stapeln. Will man sie wegwerfen, müssen sie vorher mit Wasser angefeuchtet werden. Aufgrund ihrer leichten Inflammbarkeit besteht sonst die Gefahr einer Selbstentzündung.

Lagerung

Die Schläger und einige weitere Naturhaarpinsel, wie die aus Dachshaar, müssen in Pappe eingewickelt und mit Klebestreifen oder Gummiband verschlossen werden, damit der Haarkörper sich nicht öffnet und seine Form nicht verliert.

Wird das Material längere Zeit nicht verwendet, sollte man es gut reinigen und nach dem Trocknen in einem Schrank oder einem Kasten aufbewahren, damit es nicht verstaubt.

Pinsel aus Naturhaar werden in Pappe eingeschlagen und mit Klebeband oder einem Gummi verschlossen, damit die Haarkörper ihre ursprüngliche Form bewahren.

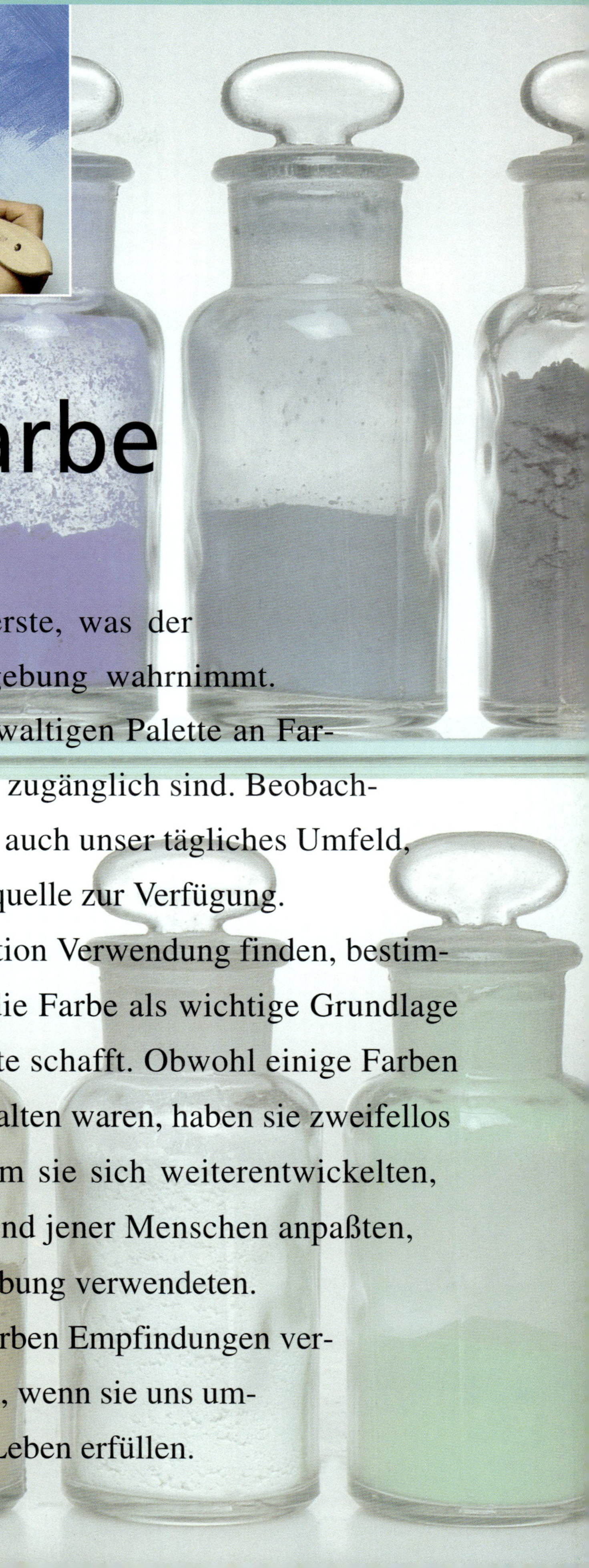

2 Die Farbe

Farbe ist zweifellos das erste, was der Mensch von seiner Umgebung wahrnimmt. Die Welt besteht aus einer gewaltigen Palette an Farben, Nuancen und Tönen, die uns zugänglich sind. Beobachten wir nicht nur die Natur, sondern auch unser tägliches Umfeld, steht uns eine unendliche Inspirationsquelle zur Verfügung. Die Kombinationen, die in der Dekoration Verwendung finden, bestimmen ihren Stil und sorgen dafür, daß die Farbe als wichtige Grundlage ein ausgeprägtes persönliches Ambiente schafft. Obwohl einige Farben zu bestimmten Zeiten schwierig zu erhalten waren, haben sie zweifellos allgemein Geschichte gemacht, indem sie sich weiterentwickelten, dem Geschmack des Augenblicks und jener Menschen anpaßten, die sie zur Dekoration ihrer Umgebung verwendeten. Als Ausdrucksform können Farben Empfindungen vermitteln, alles verwandeln, wenn sie uns umgeben, und uns mit Leben erfüllen.

Die Farbe als Inspirationsquelle

Manche Farbkarten sind äußerst umfassend und reichen von pastelligen Tönen und bis zu den kräftigsten Primärfarben. Die Farben stehen für bestimmte Epochen, von denen wir uns inspirieren lassen können. So sind Erdfarben, Rottöne, Blau und kräftiges Grün typisch für das Mittelalter. Im Art Déco zwischen 1920 und 1930 dominierten weißliche und beigefarbene Untergründe, die nach Dekors in gedämpften Farben verlangten. Heutzutage geht die Tendenz beinahe intuitiv zu kräftigeren Tönen und aufwendigeren Endverarbeitungen.

Die Farbe in der Welt

Von einem Besuch in fremden Ländern bleiben dem Reisenden fast immer die Farben in Erinnerung, die den jeweilige Ort kennzeichnen, ihre Stärke und Kombination.

Im allgemeinen verwenden die Bewohner in aller Welt die Erdfarben ihrer Umgebung, die leicht zu erhalten und preiswert sind. Einige Farben führen den Namen des Landes, aus dem sie stammen, zum Beispiel Englischrot, Indischrot, Siena etc. Alle bestehen aus Variationen von Rotoxid oder Ocker.

Wir verbinden den Zauber der Farben und ihre Vielfalt mit bestimmten Ländern oder deren Klima. Blasses Blau, Grau, Ocker und körniges Rot versetzen uns nach Neuengland. Die attraktiven vibrierenden Kombinationen von bräunlichem Rot, Magenta, leuchtendem Gelb und brillantem Grün bzw. Blau erinnern uns an Mexiko und die Tropenländer.

In Belgien, Deutschland und Holland verwendet man ein charakteristisches Dunkelgrün für Türen und Fenster. Zartes, heiteres Grün und beinahe graues Blau ist kennzeichnend für Skandinavien. In anderen Ländern hat man die Farben als Inspirationsquelle vor allem für die Dekoration von Möbeln genommen. Altrosa und Rötelocker identifiziert man mit Italien, das eine einzige Quelle der Inspiration darstellt. In Griechenland, Portugal und Spanien erinnern geweißte Mauern, häufig kombiniert mit Blau in unterschiedlicher Stärke, an das Mittelmeer.

Warme Farben aus Siena natur und Rötelocker verbinden sich auf angenehme Weise an diesen Hausfassaden am Hauptplatz von Cuenca, Spanien.

Farben verschönern überall unsere Umgebung. Hier ein Beispiel mit den farbenfrohen Dächern der isländischen Hauptstadt Reykjavik.

Die Farbe in der Natur

Die Natur ist eine einzige Quelle der Inspiration, was das Thema Farbe betrifft. Manche Bezeichnungen sind der Natur entlehnt: Zitronengelb, Blattgrün, Kastanienbraun, Nachtblau und Himmelblau. Dieses Farbenvokabular läßt sich ins Unendliche erweitern.

Die Natur liefert jedoch nicht nur die Namen für die Farben, sie erzeugt selber Farben und Nuancen in Form von natürlichen Pigmenten und Farbstoffen. Die ältesten Farben werden aus Ton gewonnen, nämlich Ocker und Siena. Andere Farben stammen von Pflanzen oder Insekten, wie Indigo, das ursprünglich aus den Blättern einer indischen Pflanze gewonnen wurde. Dunkelviolett erhält man von der Koschenillelaus, einer Art Skarabäus. Ultramarinblau stammt ursprünglich von einem Halbedelstein, dem Lapislazuli, während Blasengrün ursprünglich aus der Gallenblase einiger Tiere gewonnen wurde.

Heutzutage ist eine große Anzahl von chemischen Farbstoffen erhältlich. Vergleicht man sie mit den Farbpigmenten aus der Natur, stellt man jedoch einen großen Unterschied hinsichtlich ihrer Geschmeidigkeit und ihres Gleichgewichts fest.

Die Natur ist zweifellos eine gewaltige Quelle der Inspiration, wie dieses Foto beweist, auf dem sich etliche Elemente in ihre natürliche Umgebung integrieren.

Künstlich mit Wasserlasuren gealterte Wand, die an ein schadhaftes antikes Fresko erinnert.

Die Farbe in der Geschichte

Farbe wird auch benutzt, um eine gesellschaftliche Stellung zu demonstrieren, da die Pigmente je nach Art unterschiedlich teuer sind. Die schwer zu erreichende Reinheit mancher Farben hat ihren Preis.

Ein kräftiges Grün kann achtmal soviel kosten wie Beige. Blau oder Echtgelb, und einige Rot- und Orangetöne gehören zu jenen Farben, die als reine Pigmente ausgesprochen teuer sind.

In manchen Kulturen symbolisieren Farben das Leben oder den Tod und haben erheblich den Stil einer Epoche beeinflußt: so das Adam-Grün des Neoklassizismus. Ochsenblutrot wurde für die umfangreichen Dekorationen des 18. Jahrhunderts verwendet. Rot war stets ein Symbol für Luxus und Reichtum und erhielt noch größere Wirkung in Verbindung mit anderen Farben.

Die Forschung über die Ursprünge der Farben geht weiter. In Büchern des 17. bis 19. Jahrhunderts finden sich sehr viele Informationen zu diesem Thema.

Die Farbpalette

Die herrlichen Farben des Regenbogens, in die sich weißes Licht zerlegt, lassen sich auf die drei Grundfarben Gelb, Magenta und Dunkelblau reduzieren, aus deren Mischung man alle weiteren Farben erhält. Manchmal reichen dafür zwei Farben aus.
Die Mischung zweier Grundfarben ergibt die Zweitfarben. Mischt man diese mit einer weiteren Farbe zu den sogenannten Drittfarben und so fort, entsteht die unendliche Palette der Farben und Töne, die den Farbenkreis ergeben.

Gelb + Magenta = Rot

Blau + Gelb= Grün

Blau + Magenta = Violett

Warme und kalte Farben

Teilt man den Farbenkreis in zwei Hälften, erhält man u.a. einen Abschnitt mit den sogenannten kalten Farben. Diese bestehen aus eher zurückhaltenden Nuancen. Die Blau-, Grau und Violettöne erzeugen einen visuellen Eindruck von Ferne.
Die warmen Farben sind leuchtender und fröhlicher. Sie vermitteln Nähe und stammen aus den Skalen von Gelb, Rot und Orange. Je nach Anteil in den Mischungen erhält man unterschiedliche Variationen. Fügt man zum Beispiel eine größere Menge Violett zu Rot, entsteht eine kalte Farbe. Mischt man dagegen einen gewissen Anteil Rot zu Blau, verwandelt sich letzteres in eine warme Nuance.

Kalte Farben

Gealterte Farben

Für zahlreiche dekorative Arbeiten verwendet man zunächst lebhafte, leuchtende Farben und läßt diese nachträglich altern, um den Ablauf der Zeit zu imitieren. In vielen Fällen greift man zu Farben, um diesen Eindruck zu vermitteln. Alle Erdfarben sowie die Nuancen von Braun, Graubraun, Grau und Schwarz tragen zu dem gealterten Erscheinungsbild bei, das zahlreiche Gegenstände aufweisen.

Warme Farben

Schwarze Farben

Schwarze Farben harmonieren hervorragend mit Gold, Silber und Weiß und heben deren Farbwert hervor. Allerdings ist es schwierig, sie für große Flächen zu verwenden, da sie das Licht absorbieren und eine triste Stimmung verbreiten. Daher ist es ratsam, sie eher für kleine Motive und Details oder nur sehr behutsam einzusetzen. Keinesfalls sollte man andere Farben mit Schwarz abdunkeln, da sie verschmutzen würden. Im Farbenkreis bedeutet Schwarz die Abwesenheit von Licht und damit von Farbe.
Das Schwarz auf der Palette des Künstlers weist unterschiedliche Eigenschaften auf, die sich aus der jeweiligen Mischung ergeben. So besitzt Rauchschwarz einen kalten Ton, während Elfenbeinschwarz wärmer ist. Interessante Mischungen ergeben sich auch mit Ultramarinblau oder Karminlack.

Mischung von schwarzen Farben

Graue Farben

Perlgrau, Rauchgrau oder Silbergrau sind ambivalente, geheimnisvolle Farben. Es gibt auch Grautöne aus Mischungen von Rosa und Grün sowie kalte Grautöne aus Mischungen von Blau und Umbra.
Am einfachsten erhält man Grau aus Weiß und Schwarz. Das Ergebnis ist allerdings sehr schlicht und hat wenig Charakter. Besser ist es, lebhaftere Grautöne aus unterschiedlichen Farbmischungen anzufertigen und Weiß hinzuzufügen.
Grautöne können kalt wirken, aber auch warm oder neutral. Mit Mischungen aus Rosa, Beige und Weiß erhält man sehr künstlerische Graunuancen. Neutrales Grau läßt sich praktisch mit allen Farben kombinieren.

Mischung von grauen Farben

Weiße Farben

Weiß verbindet man mit Licht und Reinheit. Es spielt immer eine wichtige Rolle bei der Dekoration, denn es läßt sich mit allen Farben kombinieren und kann sowohl sehr kräftig als auch äußerst zart wirken. Weiß ist eine Nuance und wird mißverständlich als Farbe bezeichnet, denn es ist die Summe aller Farben. Manchmal mischt man es behutsam mit kleinen Anteilen von Siena, um unterschiedliche Töne zu erhalten. Das Weiß wird gebrochen, und man bekommt Elfenbein oder einen zarten Roséstich. Mischt man Weiß mit Umbra natur, entsteht gealtertes Weiß. Reines Weiß sind: das Titanweiß, das dicht und deckend ist, das äußerst transparente Zinkweiß sowie das sehr widerstandsfähige Bleiweiß, das rascher trocknet als die übrigen Sorten.
Mischt man einen geringen Anteil Farbe in Weiß, entsteht eine unendliche Skala gebrochener Töne und Nuancen.

Mischung von weißen Farben

Rote Farben

Die breite Skala der roten Erdfarben, die von dunklem Terrakotta über Rosa bis zu kräftigem Orange reicht, entsteht aus Eisenoxid und wird seit der Steinzeit verwendet, als man Jagd- und rituelle Szenen an den Höhlenwänden mit ihnen darstellte. In einigen Kulturen, so in China, ist Rot die Farbe des Glücks und des Schicksals. Sie symbolisiert Leidenschaft und Zorn, aber auch Gefahr und Feuer. Keine andere Farbe ist so festgelegt wie das Rot.

In der Dekoration wurde Rot verwendet, um Reichtum und Überfluß darzustellen. Reine Pigmente für leuchtendes Rot waren sehr teuer. Sie müssen behutsam eingesetzt werden, da sie für sich allein aggressiv wirken können. In der Kombination mit anderen Farben oder Tönen fallen sie zwar ebenfalls auf, sind aber warm und voller Leben. In zarteren Tönen zum Beispiel als Rotocker, Rötel oder Siena gebrannt eignen sie sich hervorragend für die Dekoration. Außerdem lassen sie sich sehr gut mit Grau, Blau und Grün kombinieren.

Die geschickte Mischung mit Siena natur, Siena gebrannt und zartem Lichter Ocker mildert die vibrierende Farbe und verwandelt sie in eine ideale Nuance zum Dekorieren sowohl von Gegenständen als auch von Wänden.

Mischung von roten Farben

Gelbe Farben

Die Skala der gelben Farben ist sehr vielfältig und reicht von Ocker bis zu leuchtendem Chinagelb. Es ist eine grelle, bereichernde Farbe, die an Wärme und Sonnenstrahlen erinnert. Gelb spiegelt das Licht und vergrößert die Flächen. Zahlreiche Töne lassen sich damit mischen: Maisgelb, Messing, Topas sowie das erdige Goldgelb. Die gesamte breite Skala von Ocker wird für die Dekoration verwendet.

Viele Gelbtöne entstehen aus Mischungen von Weiß, Umbra gebrannt oder Siena gebrannt. Gibt man Rot hinzu, erhält man Orange. Je nach Tages- oder Kunstlicht verstärkt sich die gelbe Farbe, oder sie verschwindet fast. Es empfiehlt sich, eine Probe zu machen, bevor man sich endgültig für einen Ton entscheidet.

Mischung von gelben Farben

Mischung von blauen Farben

Grüne Farben

Grün symbolisiert Harmonie. Es ist die Summe der Mischung aus Gelb und Blau und erinnert mit seinen Tönen in Oliv, Pfefferminz und Apfel eindeutig an die Natur. Grüntöne mineralischen Ursprungs bestehen aus Smaragd, Malachit und Jade.
Grün ist die Nationalfarbe der Iren. Die unterschiedlichen Nuancen wurden seit alters her zur Dekoration verwendet. Sie vermitteln Ruhe und Frieden. Manche Nuancen können sehr elegant wirken und zeugen von Raffinement oder auch Schlichtheit, da sie an Naturfarben erinnern. Grün wird vor allem für das Mobiliar und das Zubehör verwendet, aber auch für Wände und Stoffe. Die zarten Töne sind sehr vielseitig. Kräftiges, leuchtendes Grün bestimmte die Dekoration der napoleonischen Salons.
Nimmt man das Graugrün der Skandinavier und das traditionelle Flaschengrün der Holländer, bekommt man einen Eindruck von der außerordentlichen tonalen Vielfalt dieser Farbe.
Warmes Grün erhält man, indem man den Gelbanteil erhöht. Gibt man eine größere Menge Blau hinzu, wirkt es kälter. Seine Komplementärfarbe ist Rot. Je nach Mischung mit Weiß, Rosa oder Grau entstehen sehr dekorative Effekte.

Blaue Farben

Blau vermittelt den Eindruck von großen Weiten wie Himmel und Meer. Die Farbe ist in der Natur stark verbreitet; sie wirkt besänftigend und erfrischend. In Schlafzimmern lädt sie zur Entspannung ein. Verwendet man sie für Bäder, erinnert sie an ein Wasserambiente. Die Farbe ist nicht immer kalt, denn ihre Nuancen reichen von der breiten Violettskala bis zu Hellblau, Marineblau, Indigo und Preußischblau. Ursprünglich wurde Blau aus einem pflanzlichen Farbstoff gewonnen, dem Indigo. Das kostbare Mineral Lapislazuli ergab ein kräftiges, aber auch sehr teures Blau.
Alle Nuancen von Blau harmonieren mit zahlreichen Farben, vor allem mit der Skala von Gelb und Ocker, aber auch mit Weiß.
Blautöne auf der Basis von Ultramarin weisen einen wärmeren Ton auf, da sie etwas Rot enthalten. Die Mischungen von Weiß und Preußischblau oder Kobaltblau fallen kälter aus. Coelinblau mit Weiß und Ultramarin ergibt kräftiges Himmelblau.

Mischung von grünen Farben

Verwendung

Die Entscheidung für eine Farbe zum Dekorieren und damit für eine bestimmte Wirkung eines Zimmers oder einer Fläche muß sehr gründlich erfolgen und einige elementare Faktoren berücksichtigen. Neben den Maßen oder der Form der zu dekorierenden Fläche spielt die natürliche oder die künstliche Beleuchtung eine wichtige Rolle, da sie das Ergebnis beeinflußt. Außerdem ist zu bedenken, ob der Raum eher tagsüber oder nachts benutzt wird, ob es sich also um ein Schlafzimmer, ein Speisezimmer oder ein Arbeitszimmer handelt. Diese Faktoren erleichtern die Wahl der angemessenen Farbe und ihrer Wirkung.

Horizontale oder vertikale Streifen verstärken den visuellen Eindruck von Höhe oder Breite. Geschickt eingesetzt, können sie eine Fläche vergrößern oder verkleinern. Als Wandverkleidung in heiteren Farben wie auf diesem Foto ergeben sie eine gute Lösung für triste, dunkle Gänge.

Die Wahl kräftiger, attraktiver Farben bildet häufig die Grundlage für eine angenehme Wirkung. Die blauen Gewölbe und Wände des archäologischen Museums von Pamplona, Spanien, beweisen, wie wichtig die Farbe für die Empfindungen ist, die sie hervorruft.

Die Proportionen

Die Maße des Raums, den man dekorieren möchte, bestimmen die Wahl der Effekte und der Farbe, die man verwenden kann. Eine Wand ist wie ein weißes Viereck, das sich auf vielfältige Weise verändern läßt. Die darin entstandenen Effekte ergeben den allgemeinen visuellen Eindruck. So kann man beispielsweise die Proportionen eines Zimmers verändern. Wandverkleidungen und Friese bilden eine waagerechte Unterteilung, welche die Vorzüge oder die Nachteile unterstreicht.

Bei extrem hohen Räumen sorgen Farbstreifen als Wandsockel visuell für geringere Höhe. Hält man darüber hinaus die Decke dunkel, wirkt der Raum sofort niedriger.

In manchen Fällen kann man zu niedrige Räume durch senkrechte Streifen optisch höher gestalten. Es ist unglaublich, wie sich eine Fläche durch geschickte Wahl der richtigen Farbe oder Effekte verwandeln läßt.

Das Licht

Die Berücksichtigung der Beleuchtung eines Raums ist außerordentlich wichtig. Dazu gibt es einige Regeln. Kleine, vor allem dunkle Räume benötigen helle, leuchtende Farben, um größer zu wirken und seine Bewohner nicht zu erdrücken. Dekoriert man sie in lebhaften Farben und akzeptiert ihre Grenzen, kann das heitere Ambiente die geringe Fläche ausgleichen. Mit Hilfe bestimmter Farben lassen sich die Maße eines Zimmers visuell verändern. Warmes Orange, Gelb und Rot sind Nuancen, die ein Ambiente gemütlicher und intimer machen. Setzt man die Farben verstärkt ein, rücken sie optisch heran und reduzieren die Zimmergröße. Kalte Farben vermitteln dagegen den Eindruck von Ferne und lassen den Raum größer erscheinen. Ist die natürliche Beleuchtung gering, wird sie von kräftigen Farben verstärkt und bereichert.
Räume mit viel Licht sind ideal für helle Farben, welche die räumliche Atmosphäre unterstreichen. Neutrale und differenzierte Pastelltöne könnten diesen Räumen Leben verleihen.

Die Beleuchtung ist für das Ambiente und die Wirkung der Farben von großer Bedeutung. Sowohl Tageslicht als auch Kunstlicht verstärken oder dämpfen die Farbe. In diesem Zimmer sorgt Kunstlicht für eine intime Atmosphäre und verstärkt den Rotocker der Wände.

Die Struktur

Auch die Struktur der Flächen darf nicht unbeachtet bleiben. Glatte, matte oder poröse Flächen absorbieren das Licht und lassen die Farben heller wirken. Seidenglänzende oder glänzende Flächen reflektieren das Licht, so daß die Nuancen gedämpfter wahrgenommen werden.
Manche Techniken verbergen gewisse Mängel einer Fläche. Mit der richtigen Wahl läßt sich selbst auf einer schlecht erhaltenen Wand ein stilvolles Ergebnis erzielen. Andere Techniken erfordern einen glatten, gut vorbereiteten Untergrund, um ein perfektes Erscheinungsbild zu ergeben. Viele Techniken kann man sowohl für Wände als auch für Gegenstände verwenden. Profilleisten und architektonische Details können so mit Farbe und Strukturen dekoriert werden, daß sie sich total verändern. Versieht man eine neue glatte Fläche mit einer Struktur, kann man sie bereichern und ihr einen zusätzlichen Wert verleihen.

Komposition auf einer strukturierten Fläche mit imitierter Zierleiste und Fries in Öl im viktorianischen Stil in der Schablonentechnik.

3 Grundvorbereitungen für die dekorative Malerei

Die dekorative Malerei spielt eine große Rolle in der Dekoration. Einige ihrer charakteristischen Techniken erfordern eine Menge Übung. Bevor man sie einsetzt, sollte man ihre kleinen Geheimnisse und Tricks unbedingt kennen. Außerdem sollte man über die traditionellen Produkte und die neuesten Erzeugnisse im Handel Bescheid wissen.

In diesem Kapitel finden Sie eine ausführliche Beschreibung darüber, wie man die unterschiedlichen Kompositionen vorbereitet und sie in jedem Einzelfall auf schlichte, praktische Weise einsetzt. Ferner erfahren Sie, wie man die zu dekorierenden Flächen vorbereitet.

Es ist ein sehr wichtiges Kapitel, mit dem Sie das erforderliche Wissen erhalten und die Welt der dekorativen Malerei betreten, in der es keine Beschränkungen für Ihre Kreativität und Vorstellungskraft gibt.

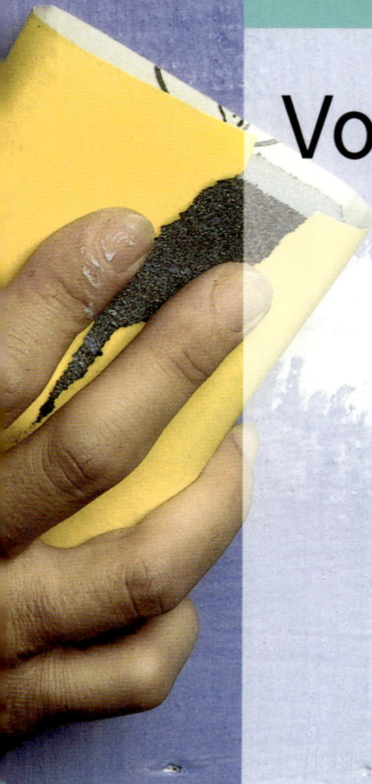

Vorbereitung des Malgrunds

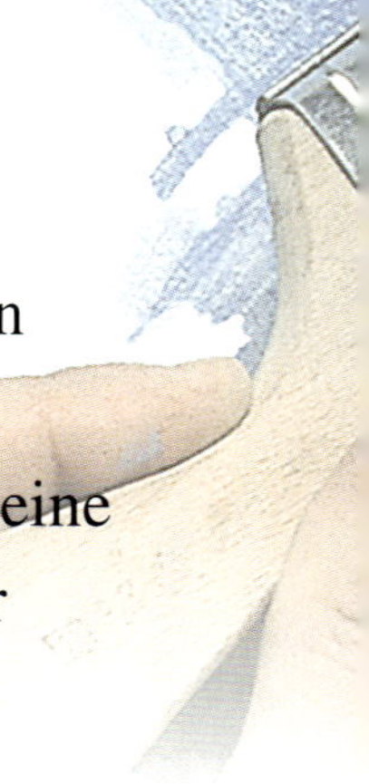

Es gibt eine unendliche Vielfalt an Material für die Arbeit mit dekorativen Techniken. Die Vorbereitung, die Sauberkeit, die Grundierung und richtige Grundfarbe sind für das Ergebnis von entscheidender Bedeutung. Der Zustand des Malgrunds muß genauestens berücksichtigt werden. Eine neue Fläche benötigt eine andere Behandlung als ein alter oder bereits früher bearbeiteter Grund.

Wände

Wände können uns ziemlich lange beschäftigen, da sie aus großen Flächen bestehen. Wir müssen sie unter mehreren Aspekten betrachten, denn darauf gründet sich ihre Bearbeitung.
Vor Beginn der Arbeit muß man sich vergewissern, ob die Wände trocken sind, denn auf feuchter Fläche würde die Farbe nicht haften. Nachdem eventuelle Schäden beseitigt sind, beginnt man mit der Vorbereitung (Kasten Seite 33).

Spachtelmasse

Der Handel führt eine große Vielfalt an gebrauchsfertigem Spachtel. Häufig ist er universell einsetzbar und eignet sich für unterschiedlichste Flächen. Es gibt aber auch Spezialspachtel für Holz, Eisen, Kunststoff, Keramik etc. Man trägt ihn sehr dünn auf und läßt die einzelnen Schichten jeweils gut trocknen, da vor allem traditioneller Spachtel sonst rissig werden kann. Neuerdings gibt es auch Spachtel mit Acrylzusatz, der haltbarer, elastischer und geschmeidiger ist.

A B

Gebrauchsfertige handelsübliche Spachtelmasse (A)
Synthetische Spachtelmasse für Karosserien (B)

1

2

1- Bei Wänden mit abblätternden Stellen entfernt man die alten Farbreste mit einem Schaber.

2- Rissige Wände werden mit Spachtel ausgeglichen. Nach dem Trocknen wird die Masse geschmirgelt, bis eine glatte Fläche entstanden ist.

3- Vor Beginn der Arbeit werden die Wände abgestaubt, damit die Untergrundfarbe gut haftet.

3

VORBEREITUNG DER WÄNDE				
WÄNDE	SÄUBERUNG	VORBEREITUNG	GRUNDIERUNG	GRUNDFARBE
Mit neuer oder alter Vergipsung ohne Farbe	Entfernen des überschüssigen Gipspulvers mit kräftiger Malerbürste oder weicher Wurzelbürste.	Ausspachteln kleiner Risse mit Universalspachtel. Sehr große Löcher mit Gips verschließen. Nach dem Trocknen behutsam schleifen.	**Alter Gips:** Versiegelnde Universalgrundierung aus Synthetiköl. Trocknungszeit 24 Stunden. **Neuer Gips:** Prüfung, ob dieser vollständig getrocknet ist. Ebenfalls Universalgrundierung aus Synthetiköl. Trocknungszeit 24 Stunden.	**Endbearbeitung:** zwei Schichten matte Latexfarbe mit Bürste oder Malerrolle. **Wasserfarbe:** zwei Schichten seidenglänz. Latex- oder Vinylfarbe m. Bürste o. Malerrolle. **Ölfarbe:** zwei Schichten seidenglänzende Alkydharzfarbe.
Mit neuer oder alter Farbe	Überschüssiges Farbpulver von Oberfläche entfernen. Waschen mit warmen Wasser u. Spülmittel, Trocknung. Behutsam Reste wegschleifen bzw. mit Spachtel entfernen	Kleine Risse und Löcher mit Universalspachtel verschließen. Sind die Löcher sehr groß, Gips verwenden. Nach dem Trocknen die Flächen behutsam schleifen.	**Neu:** Versiegelnde Grundierung auf Acrylbasis. **Alt:** Versiegelnde Universalgrundierung aus Synthetiköl.	siehe vergipste Wände.
Mit neuer oder alter Tapezierung	**Neu:** Reinigen mit einem feuchten Lappen, um Schmutzreste und Staub zu entfernen. **Alt:** Einweichen des Papiers mit einer Bürste und warmem Wasser. Nach Beginn des Lösens vorsichtig mit einem Schaber von links nach rechts abkratzen, bis die gesamte Tapete entfernt ist.	**Neu:** Kleine Löcher in der Tapete verspachteln. **Alt:** Behutsames Glätten mit Schleifpapier. Verschließen der Risse mit Universalspachtel und der größeren Löcher mit Gips.	**Neu:** Aufbringen einer versiegelnden Universalgrundierung auf die einwandfreie Tapete. **Alt:** Aufbringen einer versiegelnden Grundierung aus Synthetiköl.	siehe vergipste Wände.

Untergrundfarbe

Es gibt eine Vielzahl von Farben, die sich zum Anlegen des Untergrunds eignen. Die porösen Vinyl- oder Latexfarben verwendet man vor allem für Wände. Sie haben eine mittlere Haltbarkeit und sind matt, seidenglänzend und hochglänzend erhältlich. Seidenglänzende Farben eignen sich am besten für eine Bemalung mit wasserlöslichen Farben. Diese müssen anschließend mit einem Lack geschützt werden. Dagegen sind Acrylfarben unempfindlicher. Nach dem Trocknen lassen sie sich nicht mehr mit Wasser lösen. Man verwendet sie für Arbeiten mit Patinas sowie für glatte Endverarbeitungen.

Acrylfarben in Künstlerqualität, die man für Details und Freihandzeichnungen wählt, besitzen die optimale Zusammensetzung. Emailfarben sind sehr haltbar. Sie ähneln Lackfarben und weisen nach dem Trocknen eine sehr widerstandsfähige, absolut wasserunlösliche Oberfläche auf. Der Handel führt auch Emailfarben, die sich in Wasser lösen lassen. Nach dem Trocknen besitzen sie beinahe dieselben Eigenschaften wie synthetische Emailfarben, deren Ergebnis härter und unempfindlicher ist. Letztere werden mit Terpentin gelöst und entfernt.

Latexfarbe (A), Wasserlösliche Emailfarbe (B), Acrylfarbe (C), Synthetische Emailfarbe (D).

Andere Oberflächen

Jede neue oder alte Fläche, die dekoriert werden soll, muß sorgfältig von Staub, Wachs und früheren Farben gesäubert werden. Verschmutzungen wie durch Fett würden verhindern, daß die Grundierung und die Dekorationsfarbe korrekt auf dem Untergrund haftet.

Versiegelnde Grundierungen

Im Handel sind viele Produkte zur Versiegelung erhältlich, wie Schellack sowie preiswerteres PVA und Latex.

Die Industrie mit ihren ständigen Fortschritten bietet jedoch auch Spezialprodukte für jede Arbeit an. Grundierungen aus Synthetikölen sind sehr haltbar und lassen sich für fast alle Untergründe verwenden. Man löst sie mit Terpentin. Grundierungen aus Acrylharz sind leichter und noch haltbarer. Das Produkt ist wasserlöslich und daher sehr praktisch in der Anwendung. Abgesehen von Sonderfällen, sind die modernsten Grundierungen Mehrzweckversiegler und haften auch auf schwierigen, nicht saugfähigen Flächen wie Eisen oder Keramik. Sie werden mit Terpentin gelöst und sind sehr haltbar.

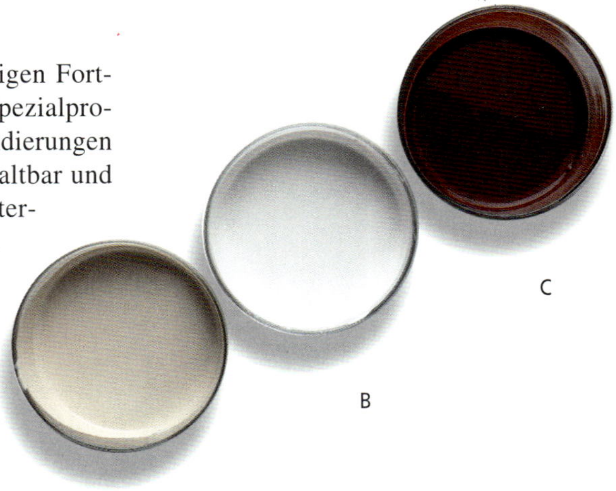

Universelle Grundierung aus Synthetiköl (A)
Acrylgrundierung (B)
Mehrzweck-Universalgrundierung (C)

Kunststoff

Man säubert die Fläche sorgfältig mit warmem Wasser und Seife und läßt sie gut trocknen. Anschließend schleift man die Oberfläche leicht mit Schmirgelpapier an, damit die Versiegelung gut darauf haftet. Es gibt Spezialgrundierungen mit verstärkter Haftung für porenloses Material wie Kunststoffflächen.

1- Rauhen Sie die Kunststofffläche leicht an, damit die Grundierung haftet.

1

2
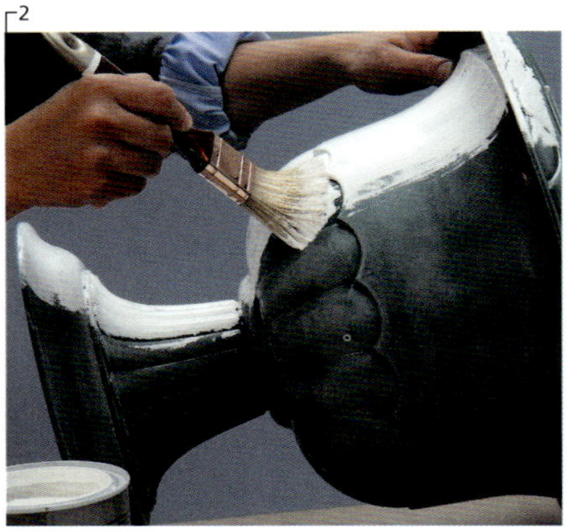

2- Tragen Sie eine Spezialgrundierung für Kunststoff auf.

Holz

Die Reinigung und Vorbereitung ist für das gute Endergebnis außerordentlich wichtig. Die Haltbarkeit des fertigen Werks hängt immer von einer guten Vorbereitung ab. Frisches Holz bereitet keine Probleme. Für schlechterhaltenes Holz oder Holz mit altem Farbanstrich siehe Kasten auf Seite 35.

1- Schleifen Sie die Fläche sorgfältig an und entfernen Sie alle Pulverreste.

2- Verstreichen Sie die versiegelnde Grundierung gleichmäßig in Maserungsrichtung.

1

2

Metall

Neues guterhaltenes Metall ohne Rostspuren säubert man mit Alkohol, um alle Schmutzreste, Fettspuren etc. zu entfernen.
Es gibt viele Grundierungen für Metall; einige bieten gleichzeitig Schutz gegen Oxidation.

1

1- Reinigen Sie das Metall mit Alkohol und lassen Sie es trocknen.

2

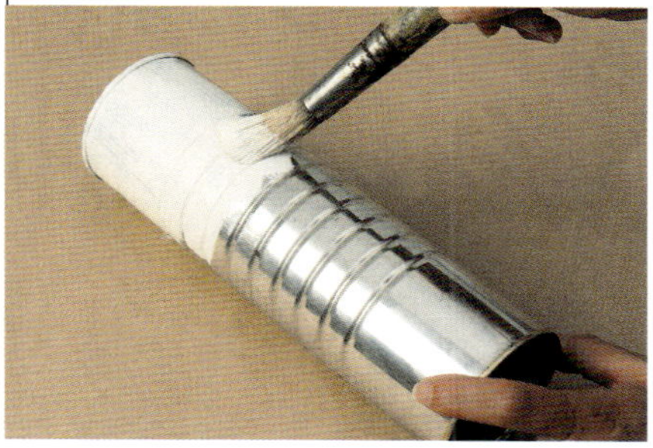

2- Tragen Sie die Grundierung anschließend sorgfältig auf das Material auf.

REINIGUNG UND VORBEREITUNG WEITERER OBERFLÄCHEN

MALGRUND	REINIGUNG	VORBEREITUNG	GRUNDIERUNG	GRUNDFARBE
Frisches Holz	Behutsames Anrauhen mit Schleifpapier mittlerer Körnung in Maserrichtung. Entfernen der Staubreste.	Verschließen der Löcher und Risse mit Holzspachtelmasse und trocknen lassen. Leichtes Anrauhen mit Schleifpapier mittlerer Körnung und Entfernen der Staubreste.	**Neu und alt:** Acryl-Universalgrundierung. Trocknen lassen und leicht anschleifen.	**Glatte Endverarbeitungen:** Zwei Schichten matte oder seidenglänzende Acrylfarbe mit Verstreicher oder Malerrolle auftragen. **Effekte auf Wasserbasis:** Zwei Schichten seidenglänzende Latex- oder Vinylfarbe (Verstr./ Malerrolle). **Effekte auf Ölbasis:** Zwei Schichten seidengl. Alkydharzfarbe mit Malerrolle.
Bemaltes oder altes Holz	Reinigen der Fläche mit lauwarmem Wasser, Seife und einigen Tropfen Ammoniak. Nach dem Trocknen leichtes Anrauhen mit feinkörnigem Schleifpapier.		**Bemalt:** Versiegelnde synthetische Universalgrundierung. Trocknen lassen und leicht anschleifen.	
Kunststoff, PVC, Glasfaser, etc.	Sorgfältiges Reinigen mit warmem Wasser und Seife. Nach dem Trocknen Anrauhen mit Schleifpapier mittlerer Körnung. Entfernen der Staubreste.	Verschließen der Risse und Löcher mit Spezialspachtel für Karosserien. Trocknen lassen und leicht anrauhen mit Schleifpapier mittlerer Körnung.	Mehrzweckgrundierung oder Spezialgrundierung für Kunststoff oder nicht saugfähige Flächen. 24 Stunden trocknen lassen und leicht anschleifen.	Je nach gewünschter Wirkung wird die Grundfarbe wie oben aufgetragen.
Eisen und Metalle	**Alt:** Entfernen der Rostspuren mit einer Drahtbürste oder einem Aluminiumkratzer und leichtes Anschleifen. **Neu:** Reinigen mit Alkohol, Trocknung und leichtes Anschleifen.	Verschließen der Löcher und Risse mit Spezialspachtel für Karosserien. Trocknen lassen und anschleifen.	Eine Schicht Antioxidationsmittel auftragen und zwei Stunden trocknen lassen. Darauf eine Spezialgrundierung für Metall oder ein Universalprodukt. Leicht anschleifen	Je nach gewünschter Wirkung wird die Grundfarbe wie oben aufgetragen.
Terrakotta, Gips, kleine und große Gegenstände	Leichtes Anrauhen mit Schleifpapier mittlerer Körnung, Entfernung der Staubreste mit trockenemPinsel.	Verschließen der Löcher und Risse mit Universalspachtel. Trocknen lassen und die Reste entfernen.	Eine Schicht Acrylgrundierung. Vier Stunden trocknen lassen und leicht anschleifen.	Je nach gewünschter Wirkung wird die Grundfarbe wie oben aufgetragen.
Styropor	Leichtes Anrauhen mit Schleifpapier mittlerer Körnung und Entfernen der Staubreste.	Füllen der Löcher mit flüssiger Kunststoffmasse, die mit einem Pinsel aufgetragen wird; trocknen lassen und anschleifen.	Eine Schicht Acrylgrundierung zwei Stunden trocknen lassen. Eine zweite Schicht auftragen, trocknen lassen und anschleifen.	Je nach gewünschter Wirkung wird die Grundfarbe wie oben aufgetragen.
Keramik	Sorgfältige Reinigung der Oberfläche mit warmem Wasser und Seife; anschließend trocknen lassen.	Verschließen der Risse und Löcher mit Universalspachtel. Trocknen lassen und leicht anschleifen.	Eine Schlicht Mehrzweckgrundierung oder Spezialgrundierung für nicht saugfähige Flächen. 24 Stunden trocknen lassen. Falls nötig, eine zweite Schicht auftragen.	Je nach gewünschter Wirkung wird die Grundfarbe wie oben aufgetragen.

Klassifizierung und Herstellung der Farben

Es gibt zwei große Gruppen, in die sich alle Farben einordnen lassen: Wasserfarben, bei denen das Lösungsmittel für die Pigmente und das Bindemittel aus Wasser besteht, sowie lösungsmittelhaltige bzw. Ölfarben, die dafür Terpentin oder rektifiziertes Balsamterpentin benötigen.
Wir gehen davon aus, daß der Leser die unterschiedlichen Merkmale dieser Produkte kennt, und können daher festhalten, daß letztendlich das Bindemittel die Art der Farbe bestimmt.

Pigmente

Als Pigmente bezeichnet man jene pulverförmigen Substanzen, die mehr oder weniger verdünnt eine Farbkraft besitzen. Löst man sie in einer Flüssigkeit, und mischt man sie mit einem Bindemittel, entstehen die Farben. Grundsätzlich unterscheidet man organische Pigmente pflanzlichen oder tierischen Ursprungs, Kalzinierungen unterschiedlichen Materials und den Sud aus gewissen Samen. Zu den anorganischen Pigmenten gehören die Mineralien. Zu den ältesten natürlichen Pigmenten zählen u. a. Ocker, Siena und Umbra. Künstliche Pigmente entstehen aus chemischen Reaktionen mit Metall wie zum Beispiel Rotoxid aus Eisen, Gelboxid etc.
Zu den Pigmenten aus Pflanzen oder deren Harzen gehören Indigo aus der Indigopflanze und Krappkarmin aus der Wurzel der Färberröte.

Die Pigmente der Grundfarben

Farben

Die große Vielfalt der Farben und die unterschiedlichen Qualitäten, die man im Handel finden kann, sind manchmal ziemlich verwirrend. Am besten geht man in ein Fachgeschäft und erklärt dort, welches Ergebnis man zu erhalten wünscht.

Latex- und Vinylfarben

Im Handel findet man ein vielfältiges Angebot von Latex- und Vinylfarben. Normalerweise verwendet man sie für Wände und große Flächen, da sie einigermaßen erschwinglich sind. Sie setzen sich im wesentlichen aus dem wasserlöslichen Pigment und einem Bindemittel zusammen, das in diesem Fall aus Polyvinylazetat besteht, gewöhnlich als synthetischer Latex bezeichnet. Die milchige Emulsion benötigt Wasser als Lösungsmittel.
Echter Latex stammt aus dem Milchsaft einiger Pflanzen und wird mit Hilfe von Kerben im Stamm gewonnen. Heutzutage wird seine synthetische Form auf chemischem Weg hergestellt. Wesentliche Merkmale dieser Farben sind ihre Elastizität und ihre Konsistenz. Man erhält sie matt und seidenglänzend.

• Herstellung von Latex- oder Vinylfarben

Man mischt einen Teil Pigmente mit drei Teilen Wasser, bis sich die Farbe vollständig gelöst hat. Anschließend fügt man einen Teil Latex hinzu und rührt solange, bis er ausreichend gut mit der Farbe gemischt ist. Zum Abschluß fügt man einige Teelöffel Schlämmkreide hinzu, welche die Flüssigkeit in eine mehr oder weniger breiige Emulsion verwandelt, ohne dabei jedoch die Farbe zu verändern. Die Farbenindustrie stellt diese Mischung mechanisch her, damit auch größere Mengen absolut homogen ausfallen.

Die hier genannte Formel eignet sich ebenfalls für die Herstellung von Vinylfarbe.

Latex, Pigmente und Schlämmkreide sowie deren Mischung mit Wasser.

Acrylfarben

Acryl ist ein weiteres Bindemittel von weißer milchiger Farbe. Es sorgt für eine noch größere Haltbarkeit und Widerstandsfähigkeit als die der Vinyl- oder Latexfarben. Der Handel bietet eine sehr breite Farbpalette an. Man verwendet Acrylfarben für Flächen, die starker Belastung ausgesetzt sind, zum Beispiel Kinder- oder Küchenmöbel. Für sehr große Flächen sind sie zu teuer. Für Endverarbeitungen mit Lasuren eignen sie sich nicht, da eines ihrer wesentlichen Merkmale die stark abweisende Oberfläche ist. In kleinen Mengen eignen sie sich für Freihandzeichnungen und als Grundlage für Alterungspatinas. Man erhält sie in Dosen für industrielle Zwecke und in Glasgefäßen für Künstlerbedarf. Ihre Haupteigenschaften sind rasches Trocknungsvermögen, Widerstandskraft und Elastizität. Nach dem Trocknen sind sie wasserunlöslich. Acrylfarben sind matt und seidenglänzend erhältlich.

Pigment und Acrylbindemittel sowie deren Mischung.

• Herstellung von Acrylfarbe

Man mischt das Pigment mit Acrylemulsion, bis man eine mehr oder weniger breiige Masse erhalten hat.

Ölfarben

Ölfarben sind fette Farben, die ein trocknendes Pflanzenöl als Bindemittel enthalten. Nicht geeignet ist beispielsweise Olivenöl, da es nicht trocknet. Am häufigsten verwendet man Leinöl als Bindemittel. In gekochter Form trocknet es rasch; dagegen dauert der Trocknungsprozeß in rohem Zustand länger. Es wird aus Leinsamen gewonnen.

• Herstellung von Ölfarbe

Am üblichsten ist die einfache Mischung aus Leinöl, rektifiziertem Balsamterpentin und Pigmenten.

Man gibt das Leinöl und die Pigmente in ein Glas- oder Porzellangefäß und rührt um, bis eine breiige Masse entstanden ist. Dann fügt man weiteres Leinöl hinzu, damit die Farbe flüssiger wird.

Es folgt rektifiziertes Balsamterpentin, bis die Farbe eine gewisse Viskosität und Flüssigkeit erhalten hat. Falls Krümel zurückgeblieben sind, filtert man diese mit einem Sieb heraus.

Der Handel führt eine breite Skala unterschiedlicher lösungsmittelhaltiger Farben. Normalerweise findet man sie unter der Bezeichnung Alkydharzfarben. Ihre Herstellung ist zwar erheblich aufwendiger, dafür sind sie nach dem Trocknen allerdings unempfindlicher.

Gekochtes Leinöl und Pigment sowie deren Mischung mit Balsamterpentin.

Muster für Vinylfarben

Muster für Alkydharzlfarben

Muster für Acrylfarben

Lasurfarben

Lasurfarben sind transparente Farben, die unterschiedliche Effekte in der dekorativen Malerei erzielen. Es kann sich um Wasser- oder um Ölfarben handeln.

Man mischt die Hälfte des Wassers mit den Pigmenten, bis diese sich gut gelöst haben. Für dunklere Farben benötigt man eine geringere Menge, für helle Farben muß sie erhöht werden.
Dann löst man den Latex im restlichen Wasser, bis die Masse völlig homogen ist. Anschließend gibt man die beiden Mischungen zusammen, damit das Pigment und der Latex sich restlos binden. Die Pigmente neigen dazu, auf den Boden zu sinken. Deshalb sollte man einen Löffel zum Umrühren zur Hand haben, um eine immer gleichbleibende Farbstärke zu erhalten.

Lasurfarben auf Wasserbasis

Die unterschiedlichsten Dekorationen lassen sich damit anfertigen. Der einzige Nachteil besteht im raschen Trocknen. Man muß also sehr schnell arbeiten.

• Herstellung
Material und Anteile:
1 Teil Pigmente
1 Teil Latex
4 Teile Wasser

Herstellung von Lasurfarbe mit Wasser

Lasurfarben auf Ölbasis

Die transparenten Farben eignen sich gut zur Imitation von Marmor und Holz. Sie sind glänzend oder seidenglänzend.

• Herstellung
Material und Anteile:
1 Teil rohes Leinöl
2 Teile Balsamterpentin
1/2 Teil Ölfarbe oder Pigmente
5 % Sikkativ

Man löst die Tubenfarbe oder das Pigment in Balsamterpentin und fügt zunächst das Leinöl und anschließend das Sikkativ hinzu.
Ölfarben trocknen sehr langsam. Durch Zugabe des Sikkativs wird dieser Prozeß beschleunigt. Die Menge des Sikkativs darf maximal 5 % der Gesamtmischung betragen. Ein Übermaß könnte das Ergebnis beeinträchtigen und so bewirken, daß die Mischung nicht trocknet.
Zum Abschluß überprüft man die fertige Farbe. Ist sie zu transparent und färbt nicht genügend, fügt man weitere Pigmente hinzu, bis die gewünschte Wirkung erreicht ist, ohne der Transparenz geschadet zu haben.

Herstellung von Öllasurfarbe

Öllasurfarbe mit Lack

Es handelt sich um einen Farblack. Damit die Trocknung verzögert wird, fügt man eine gewisses Menge Leinöl hinzu. Die Farbe trocknet schneller als Öllasurfarbe, und man kann ebenfalls unendlich viele prächtige Ergebnisse damit erzielen. Man verwendet sie für große und kleine Flächen sowie für Möbel. Sie benötigt eine Grundlage aus satinierter Vinyl- oder Latexfarbe.

• Herstellung
Material und Anteile
1 Teil matter synthetischer Lack
1/2 Teil rohes Leinöl
1/2 Teil Balsamterpentin
Tubenfarbe oder Pigmente

Man löst die Ölfarbe oder die Pigmente in Balsamterpentin, fügt das Leinöl und den Lack hinzu und rührt die Masse um, bis eine völlig homogene Farbe entstanden ist.

Herstellung von Öllasurfarbe mit Lack

Weiteres Material

Die im folgenden beschriebenen Präparationen dienen zur Anlage unterschiedlicher dekorativer Effekte. Bei korrekter Mischung des entsprechenden Materials sind die Oxidationswirkung und die Alterung von Gegenständen und Wänden relativ einfach zu erreichen.

Präparat mit Eisensulfat

Eisensulfat ist normalerweise in Gartencentern erhältlich, denn es wird häufig als Dünger für Pflanzen mit Eisenmangel verwendet. Sein Oxidationsvermögen ist sehr hoch, so daß die behandelten Gegenstände äußerst dekorativ wirken.

Es ist als Gries oder Brocken erhältlich. Man gibt 1 Volumen Eisensulfat in 1 Volumen Wasser. Falls es sich nicht völlig löst, kann man es in grießiger Form verwenden und erhält dann ebenfalls etwas Struktur.

Vorbereitung von Eisensulfat

Beispiel für einen Gegenstand, der mit Eisensulfat behandelt wurde

Patina aus Asphaltgraphit und Wachs

Asphaltgraphit ist ein klassisches Produkt für die Alterungspatina. Es besteht aus organischen oder synthetischen Substanzen, ist tiefschwarz und trocknet relativ schnell. Um langsamer arbeiten zu können, unterschiedliche Farbstärken und damit die jeweils geeignete Patina zu erhalten, mischt man es mit Wachs.

Für eine Patina aus Asphaltgraphit und Wachs

Beispiel für einen Gegenstand mit Patina aus Asphaltgraphit und Wachs

Abtönen mit Schellack

Schellack ist ein Harz, das vom Weibchen der Coccus lacca, einer Schildlaus, erzeugt wird. Man gewinnt ihn aus den Zweigen der Pflanze, auf denen das Tier lebt. Schellack ist schuppenförmig und wird nach dem Auflösen ziemlich transparent. Seine Originalfarbe ist Orangerot. Er löst sich in Alkohol und ist als Fertigprodukt in Spezialgeschäften erhältlich. Man verwendet ihn auch zum Imprägnieren und zum Schutz von Vergoldungen.

In der Mischung mit Farbpigmenten lassen sich dekorative Wirkungen damit erzielen. Die Menge der Pigmente variiert entsprechend der gewünschten Farbstärke. Man fügt einen halben Teelöffel Pigmente zu 300 ml flüssigen Schellack, kann den Pigmentanteil aber ohne weiteres erhöhen. Die Mischung muß sehr flüssig bleiben.

Zum Abschluß reinigt man die Pinsel und das Material mit Alkohol.

Abtönen von Schellack

Beispiel für einen mit Schellack bemalten Gegenstand

Traditionelle Techniken

Jahrhundertelang hat der Mensch mit unterschiedlichem Material als Bindemittel experimentiert, um seine eigenen Farben herzustellen. Meistens verwendete er dafür Produkte, die ihm leicht zugänglich waren. Einige dieser Rezepte gelten noch heute, weil sich die gute Haltbarkeit und Konservierung der Farben über die Jahre erwiesen hat. Im folgenden beschreiben wir einige alte Verfahren, die weiterhin von Künstlern und Restauratoren verwendet werden, um eine bestimmte Farbsorte zu erhalten.

Eitemperafarben

Ihr Ursprung geht sehr weit zurück. Durch Forschung ist gesichert, daß sie seit dem 10. Jahrhundert verwendet werden. Im Mittelalter boten sie sich zum Malen auf Holztafeln an. Es existieren eindrucksvolle gotische Altarbilder, für die diese Technik auf vergoldetem Untergrund eingesetzt wurde. Zahlreiche Künstler, angefangen von Fra Angelico über Piero de la Francesca und Botticelli verwendeten dieses Malverfahren für ihre Werke auf Holz. Im 19. Jahrhundert kehrten einige Maler wie der Franzose Gustave Moreau zu dieser Technik zurück.

Eitemperafarben bestehen im wesentlichen aus einer Emulsion von Eigelb, das mit der entsprechenden Wassermenge verdünnt wurde, sowie einer kleinen Menge Harz oder Leinöl. Das Albumin im Eigelb bewirkt, daß die Farbe nach dem Trocknen wasserunlöslich ist. Man muß unbedingt die korrekte Reihefolge beim Mischen einhalten, sonst verdirbt die Farbe.

1

2

1- Da Eitemperafarben sehr alten Ursprungs sind, gibt es verschiedene Rezepte für ihre Herstellung. Eine bewährte Mischung besteht aus Eigelb, destilliertem oder abgekochtem Wasser, Mastix oder Dammar.

2- Man trennt das Eigelb sorgfältig vom Eiweiß, nimmt das Eigelb zwischen Daumen und Zeigefinger und entfernt die Hülle vollständig. Als Maß nimmt man die Eierschale und mißt 1/2 Volumen Mastix pro 1 Volumen Eigelb ab.

3

3- Man fügt das Mastix zum Eigelb und verrührt die Masse vorsichtig. Da die Technik zwischen der Malweise auf Öl- und auf Wasserbasis liegt, kann man auch Leinöl statt Harz verwenden.

4

4- Unter weiterem Rühren gibt man 2 Volumen destilliertes Wasser zu der Mischung und fährt fort, bis eine homogene Masse entstanden ist. Zum Abschluß fügt man die gewünschten Farbpigmente hinzu.
Der beste Malgrund zum Dekorieren in dieser Technik ist Holz, das vorab mit Kaninchenleim und Schlämmkreide grundiert wurde.

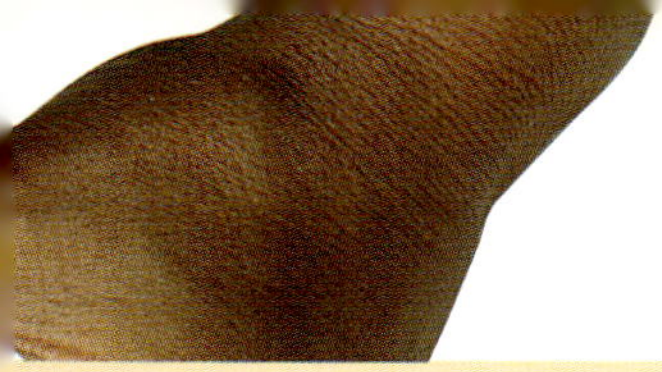

Kaseinfarben

Es ist schwer festzustellen, wann die Malerei mit Kaseinfarben begann oder welches Material dafür verwendet wurde. In allen Epochen experimentierte der Mensch mit flüssigen oder leimigen Substanzen wie pflanzlichen Harzen, Gummen, Milch, Eigelb oder tierischen Fetten. Mehrere Studien haben ergeben, daß einige Bilder in Pompeji mit Kaseinfarben gemalt wurden. Im 15. Jahrhundert ist von einem Leim die Rede, der aus Käse und Kalk bestand, ein mittelalterliches Produkt, das dem modernen Kaseinleim entspricht. Die amerikanischen Kolonisten bemalten ihre Möbel und Wände mit Kalkkasein, da dieses Material leicht für sie zugänglich war. Heutzutage erhält man Kaseinfarben in Spezialgeschäften. Man muß sie an einem kühlen Ort oder im Kühlschrank aufbewahren. Diese widerstandsfähige Farbe trocknet matt auf.

1

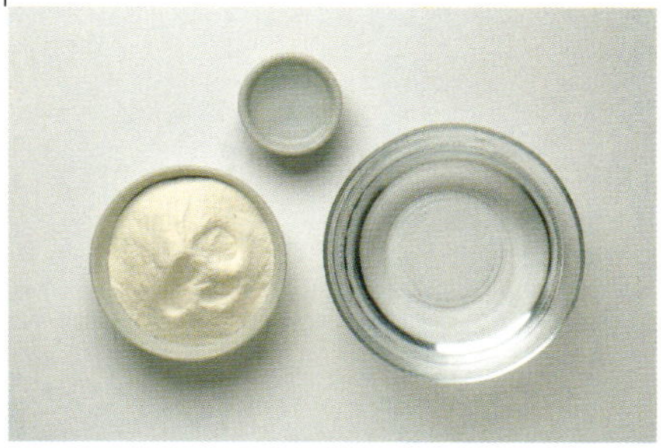

1- Wasser, pulverförmiges Kasein und Ammoniak. Kasein ist ein Protein, das aus geronnener Milch gewonnen wird. Der Quark trennt sich von der Molke und pulverisiert nach dem Trocknen. Die Farbe ist wasserunlöslich und daher sehr unempfindlich gegenüber wechselnden Witterungseinflüssen. Zum Emulgieren muß man Kalk, Ammoniumkarbonat oder Ammoniak hinzufügen. Heutzutage wird Kaseinpulver industriell hergestellt.

2

2- Es empfiehlt sich, 50 g Kasein 2 bis 3 Stunden in 1/4 Liter Wasser aufzuweichen. Anschließend gut umrühren.

3

3- Nach Ablauf dieser Zeit fügt man 15 g Ammoniumkarbonat oder einige Tropfen Ammoniak hinzu und rührt energisch, bis die Masse verdickt und die Konsistenz von Honig erhält, ohne Krümel zu hinterlassen. Es entsteht ein kräftiger Leim. Verdünnt man ihn im Verhältnis 1 Volumen Leim zu 3 Volumen Wasser, ist er das geeignete Bindemittel für Farbpigmente.

Gesso

Gesso wurde schon von den Ägyptern verwendet. Er bildete die Grundlage für Blattgold und hat eine lange Geschichte in der Möbeldekoration. Die weiche, poröse Fläche wird schichtweise aufgebaut und zwischen den einzelnen Schritten geschliffen. Gesso ist leicht herzustellen. Allerdings sind heutzutage vergleichbare Fertigprodukte erhältlich.

1

2

1- Man weicht 150 g granulierten Kaninchenleim 24 Stunden in 1 Liter destilliertes oder abgekochtes Wasser. (Bei Verwendung von Kaninchenleim in Blattform sind 3 Blätter pro Liter erforderlich.) Nachdem die Körner gequollen sind, ohne ihre Form verloren zu haben, erhitzt man die Masse unter ständigem Rühren mit einem Holzlöffel im Wasserbad, bis sich der Leim vollständig aufgelöst hat. Man darf den Leim auf keinen Fall direkt auf die Hitzequelle stellen, da er sonst verderben würde.

2- Nachdem sich die Körner vollständig aufgelöst haben, schüttet man den Leim durch ein Sieb oder ein Drahtnetz, um eventuelle Verunreinigungen zu entfernen.

3- Man fügt Schlämmkreide oder Kalk zum Weißen hinzu und rührt die Masse, bis eine Emulsion ähnlich wie Farbe entstanden ist. Wie alle Mischungen mit organischem Leim zersetzt sich die Masse innerhalb weniger Tage, vor allem bei Wärme. Man muß sie deshalb an einem kühlen Ort oder im Kühlschrank aufbewahren und das Verfahren wiederholen, sobald der Zersetzungsprozeß beginnt. Während die Masse noch warm ist, filtert man sie, um die Krümel zu entfernen. Leim guter Qualität wird beim Abkühlen fest. Um wieder eine Emulsion zu erhalten, muß er erneut im Wasserbad aufgewärmt werden.

3

Abschlußarbeiten

Schlußüberzüge mit Lack oder Wachs sind absolut erforderlich, damit ein Werk, das Zeit und Kraft gekostet hat, lange hält und unempfindlich gegen Reibung, Staub und Schläge wird. Diesen Schritt darf man auf keinen Fall vernachlässigen. Nur so verhindert man, daß ausgezeichnete aufwendige Arbeiten durch Unvorsichtigkeit beschädigt werden können. Einige Produkte, die man für Effekte verwendet, eignen sich auch für die Abschlußarbeiten an einem Werk.

Wachs

Abschlußarbeiten mit Wachs verleihen Oberflächen einen gleichförmig seidigen Glanz und machen die Berührung sehr angenehm. Man kann das Wachs direkt als Schutz auf die Farbe oder den Lack tragen. Zuvor angelegte Firnisschichten sorgen jedoch für größere Unempfindlichkeit und stärkeren Schutz. Es gibt mehrere Wachsarten: Bienenwachs, synthetisches Silikonwachs etc. Man kann es mit Pigmenten, Asphaltgraphit oder Ölfarben abtönen. Für Mischungen sollte man jedochvorzugsweise farbloses Wachs verwenden, da es keine zusätzlichen Öle enthält, die das Trocknungsverhalten verändern. Nachdem das Wachs getrocknet ist, poliert man es zart mit einem Tuch oder mit feiner Stahlwolle. Entfernen kann man es mit Terpentin. Die Mischung mit Asphaltgraphit eignet sich besonders für Alterungsprozesse. Auch mit weißen Pigmenten oder „Kalziumwachs" entstehen dekorative Effekte.

Metallisches Wachs

Der Handel führt metallisches Wachs in zahlreichen Farben, die von Goldtönen über Silber bis zu Zinn reichen. Aufgrund seines Deckungsvermögens eignet es sich gut für Retuschen von vergoldeten Arbeiten. Als Patina verwendet, sorgt es für einen metallischen Effekt. Man trägt es dünn auf, damit das Ergebnis nicht unecht wirkt, und kann es nach dem Trocknen polieren.

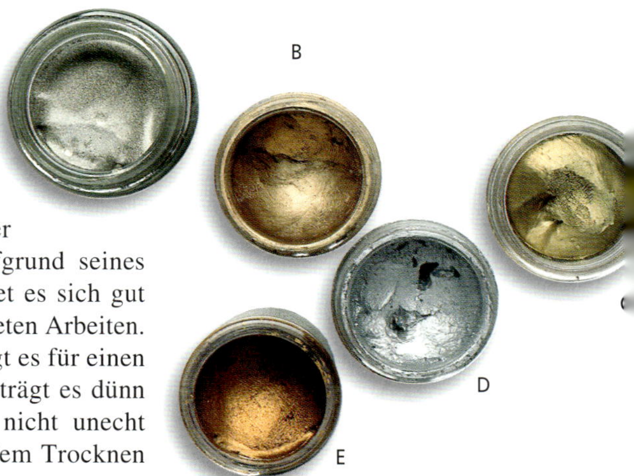

Beispiele für metallisches Wachs in: Zinn (A), Altgold (B), Gelbgold (C), Silber (D) und Kupfer (E).

Beispiele für Wachs: farbloses Wachs (A), mit Asphaltgraphit (B), Flüssigwachs (C), Kalziumwachs (D), pulverförmiges Wachs (E), farbiges Wachs (F), und Bienenwachs (G).

Firnisse

Der Firnis schützt die behandelte Fläche. Er bildet eine Barriere gegen Umwelteinflüsse und verleiht den Effekten zusätzliche Qualität und Tiefe. Der Handel bietet zahlreiche Sorten an, aus denen man die jeweils richtige wählen muß. Grundsätzlich unterscheidet man drei Gruppen: Firnisse auf Fett- bzw. Ölbasis, Firnisse auf Wasserbasis und Firnisse auf Alkoholbasis.

Firnisarten

• Synthetischer Lack

Synthetischer Lack ist ein fettes Produkt aus synthetischen Harzen und Ölen. Er ist dichter als Acrylfirnis, von allen industriell gefertigten Firnisse der transparenteste, vergilbt aber auf weißen Flächen mit der Zeit.

Für die ersten Schichten muß der Lack verdünnt werden. Auf diese Weise werden die Fläche oder der Gegenstand besser geschützt und wirken nicht wie Plastik. Ein Schlußanstrich aus drei dünnen Schichten schützt besser als eine einzige dicke Schicht.

Die erste Schicht besteht aus 70 % Lack und 30 % Terpentinöl oder Balsamterpentin. Für die zweite Schicht beträgt das Verhältnis 80 % Lack und 20 % Terpentin; für die dritte und alle weiteren Schichten sind 90 % Lack und 10 % Terpentin erforderlich.

Synthetischer Lack wird auch zur Herstellung von Lasurfarbe verwendet und kann mit Ölfarbe oder Pigmenten abgetönt werden. Man erhält ihn matt, seidenglänzend und glänzend.

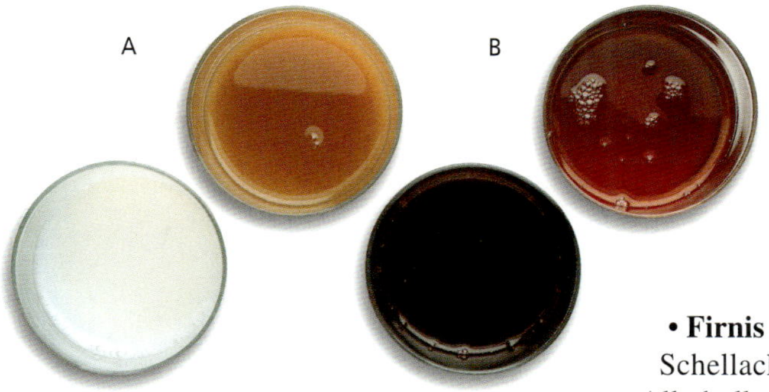

Transparenter synthetischer Lack (A)
Transparenter Polyurethanlack (B)
Transparenter Acrylfirnis (C)
Mahagonifarbener Polyurethanlack (D)

• Polyurethanlack

Dies ist sehr widerstandsfähiger, langlebiger Lack. Man verwendet ihn für stark beanspruchte Flächen. Er vergilbt stärker als synthetischer Lack, ist aber erheblich haltbarer. Man verdünnt ihn mit Terpentin und trägt ihn in mehreren Schichten auf, nachdem die vorige jeweils getrocknet ist. Der Lack hat eine dunkle Karamellfarbe, ist nach dem Trocknen aber fast transparent. Er wird matt, seidenglänzend und glänzend hergestellt. Man trägt ihn mit einem weichen Pinsel oder einer weichen Malerrolle auf große Flächen.

• Acrylfirnis

Acrylfirnisse bestehen aus Acryl- oder Vinylharz in einer wäßrigen Lösung. Sie trocknen rasch und sind transparent. Sie sind nicht so unempfindlich wie die fetten Firnisse, Latex oder PVA. Verdünnt mit Wasser, dient er als Schutz für Flächen, die keinen besonders großen Belastungen ausgesetzt sind. Je nach Anteil des Acrylharzes ist der Firnis glänzend oder matt. Beim Auftragen ist er undurchsichtig, wird beim Trocknen aber transparent.

• Firnis auf Alkoholbasis

Schellack wird als Firnis auf Alkoholbasis betrachtet. Man benutzt ihn vor allem zum Restaurieren von Möbeln. Als Firnis schützt er Vergoldungen. Er ist in Alkohol löslich, existiert in unterschiedlichen Farben und kann mit Pigmenten getönt werden. Man trägt ihn mit einem Polierbausch oder einem weichen Pinsel auf.

Firnis als Spray

• Sprayfirnis

Einige Hersteller bieten Firnisse als Spray an. Sie empfehlen sich, wenn eine Dekoration beim Auftragen des Firnis mit dem Pinsel beschädigt oder zerstört werden könnte. Man muß sich exakt an die Gebrauchsanweisung halten und an einem gut belüfteten Ort arbeiten.

Ganz gleich, welchen Firnis man wählt: Die Arbeitsfläche muß absolut sauber sein, da jeder Fussel, jedes Härchen und vor allem jedes Staubkörnchen am feuchten Firnis haften bleiben würde. Auch die verwendeten Pinsel oder Bürsten müssen sorgfältig gereinigt sein.

Beispiel für matten Firnis

Beispiel für seidenglänzenden Firnis

Beispiel für glänzenden Firnis

4

Techniken auf Wasserbasis

Es gibt zahlreiche Techniken für die dekorative Malerei. Sie lassen sich in zwei Hauptgruppen unterteilen: Techniken auf Wasserbasis und Techniken auf Ölbasis. Grundsätzlich kann man sagen, daß zur ersten Gruppe alle Techniken gehören, deren Pigmente und Bindemittel in Wasser löslich sind. Die Farben sind leicht aufzutragen, und zwar sowohl als Grundanstrich als auch in Form von Lasuren für bestimmte Effekte. Sie trocknen rasch. Alles Material und alle Pinsel, die man dafür verwendet, lassen sich mit Wasser und Seife säubern.

Ihr einziger Nachteil besteht darin, daß gewisse Effekte schwer zu erzielen sind, da die Zeit zum Arbeiten aufgrund des raschen Trocknungsvermögens kaum ausreicht. Das fertige Werk muß mit einem Firnis geschützt werden, um haltbarer zu sein.

Dekoration mit Techniken auf Wasserbasis

Die Techniken auf Wasserbasis gelten als die ältesten Malverfahren, da ihr Grundelement sehr preiswert und leicht zu beschaffen ist. In Mischungen mit bestimmten Bindemitteln erhält man Farben von großer Haltbarkeit, die in manchen Fällen jahrelang ihren guten Zustand bewahren. Mit den in diesem Buch beschriebenen Grundlagen und Beispielen kann man ein dekoratives Endergebnis erzielen, das der Umgebung einen persönlichen Anstrich verleiht und den eigenen Stil unterstreicht.

Anwendungen

Die Anwendungsmöglichkeiten sind sehr breit gefächert und reichen von der Dekoration großer Flächen wie Wände im Innen- und Außenbereich über Möbel bis zu Gegenständen jeder Größe.
Für den Grundanstrich verwendet man flache Latex- oder Vinylfarben. Sie sind in einer breiten Farbskala gebrauchsfertig im Handel, können aber auch mit Pigmenten oder Universalabtönern selber gemischt werden. Erhältlich sind sie in matter, satinierter und glänzender Ausführung. Letztere ist nicht zu empfehlen, wenn man Effekte darauf anlegen möchte.

Bei dieser Dekoration mit Lasuren auf Wasserbasis verbinden sich rostrote, graublaue und senfbraune Nuancen auf angenehme Weise.

Dekorative Effekte

Dekorative Effekte oder Endverarbeitungen entstehen mit Hilfe von Techniken, mit denen die Farben nicht flach oder glatt auftragen werden, sondern kunstvoll und raffiniert. Für viele dieser Techniken benötigt man Lasurfarbe, also eine mehr oder weniger transparente Farbe, die mit Wasser in bestimmten Proportionen verdünnt wird.

Bei den Wassertechniken reduzieren sich die unangenehmen Gerüche auf ein Minimum. Allerdings ist die Anzahl der zu erreichenden Effekte beschränkt, da man wegen des relativ schnellen Trocknungsprozesses rasch arbeiten muß. Im Handel sind einige Trocknungsverzögerer, die bei der Arbeit helfen und sie erleichtern. Die Geheimnisse der Wassertechniken waren jahrhundertelang den Künstlern und Handwerkern vorbehalten. Heute ist es Mode geworden, einige von ihnen wieder aufleben zu lassen.

Die Effekte, die man durch Aufbringen der Lasuren mit unterschiedlichem Werkzeug oder Pinseln erreicht – Lappen, Schwämme, Kämme etc. –, bestehen aus äußerst vielfältigen Strukturen und verleihen der Umgebung, den Wänden und den Möbeln einen besonderen persönlichen Charakter.

Fries in Wassertechniken. Durch Überlagerung von Wasserlasuren in unterschiedlichen Farben und Anbringen von Abnutzungsspuren entstand eine Dekoration im mittelalterlichen Stil.

Verwendungsorte

Effekte und Ausarbeitungen mit Techniken auf Wasserbasis lassen sich beinahe überall anbringen, vorausgesetzt, die Flächen sind entsprechend vorbereitet. Die Effekte werden auf dünnen Schichten aus satinierter Latex- oder Vinylfarbe aufgetragen. Diese Farbe eignet sich am besten, weil sie eine ideale Grundlage für die anschließenden Lasuren liefert. Auf matter Latex- oder Vinylfarbe sind gleichförmige Lasuren schwieriger aufzutragen, weil die Fläche zu saugkräftig ist. Es könnten ungleichmäßige Flecken entstehen, die schwer zu entfernen sind.

Arbeitet man auf großen Flächen, kann man die Struktur variieren und Defekte verbergen oder dekorative Elemente wie Säulen oder Bögen hervorheben.

Wassertechniken mit aufwendigeren Effekten eignen sich ideal für rustikale Ambiente mit ländlichem Anstrich und auch für Gegenstände. In dieser Technik bearbeitete Wände erinnern an antike Mauern mit herrlich mattem Anstrich und besitzen eine sehr attraktive Frische. Auch für Möbel unterschiedlicher Größe und kleine Gegenstände oder Objekte wie Lampenfüße, Stühle, Kästen etc. ist die Technik geeignet. Das unterschiediche Material bereitet keine Schwierigkeiten, vorausgesetzt, es ist trocken, sauber und mit einer geeigneten Grundierung versehen. Nichts steht der Dekoration von Eisen, Kunststoff, Holz, Messing etc. entgegen. Für Außenarbeiten sind Wassertechniken trotz des erforderlichen Schlußfirnisses nicht sonderlich geeignet, weil sie empfindlicher sind als Arbeiten mit Öl oder sonstigen lösemittelhaltigen Farben.

Vogel und Fisch aus Holz – bemalt mit Wasserfarben.

Färben von Naturholz

Das Färben von Holz ist eine einfache Technik, die sehr dekorative Resultate liefert. Bei zahlreichen Möbeln und Objekten kann man wahrhaft künstlerische Ergebnisse mit einer großen tonalen Vielfalt erzielen. Die hier beschriebene Technik mit Pigmenten oder natürlichen Erdfarben versetzt uns in die Vergangenheit, als es noch keine gebrauchsfertigen Farben oder Tinten gab.

1

1- Mischen Sie eine Lasurfarbe in der gewünschten Nuance in einem Kunststoffgefäß wie folgt: 1 Teil Pigmente, 1/2 Teil Latex und 5 Teile Wasser.

2

2- Rauhen Sie die zu färbende Fläche mit Schleifpapier mittlerer Körnung behutsam an, und folgen Sie dabei der Maserrichtung. Sollten alte Lackreste vorhanden sein, müssen diese vollständig abgeschliffen und entfernt werden. Auch eventuelle Leimreste in den Fugen werden mit Schleifpapier oder einem Skalpell beseitigt, da das Holz dort sonst keine Farbe annehmen würde.

3

3- Tragen Sie die Lasurfarbe mit einem Flachpinsel in Maserrichtung auf, bis die gesamte Fläche gefärbt ist.

4

4- Vertreiben Sie die zuvor aufgetragene Farbe sorgfältig in Maserrichtung, damit sie gleichmäßig ins Holz eindringt. Dieses Verfahren muß rasch durchgeführt werden, da das Holz nicht lange feucht bleiben darf. Bei furnierten Objekten besteht die Gefahr, daß sich das Furnier aufgrund der erhöhten Feuchtigkeit löst. Bei massiven Möbeln ist diese Gefahr geringer.

5

5- Entfernen Sie die überschüssige Feuchtigkeit mit einem Baumwolltuch oder mit Saugpapier. Dies muß in Maserrichtung geschehen, um die Bildung von schrägen Flecken zu vermeiden. Ist die aufgetragene Lasur sehr dicht, bearbeitet man die gesamte Fläche mit einem feuchten Schwamm, bevor sie trocknet.

6

6- Nachdem die Fläche vollständig getrocknet ist, kann man sie mit einer weiteren Farbschicht verstärken. Dazu wiederholt man das vorherige Verfahren, bis die gewünschte Farbstärke erreicht ist, und sorgt dafür, daß die einzelnen Schichten zwischendurch sorgfältig trocknen.

7

7- Beispiel für eine Färbung mit Erdpigmenten in Orange.

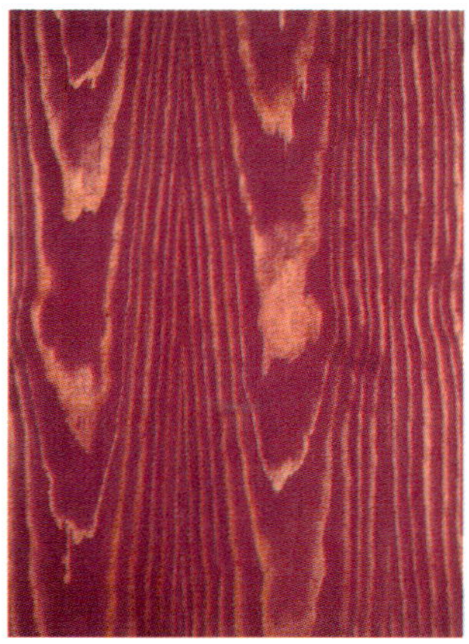

Beispiel für eine Färbung mit Erdpigmenten in Magenta.

Beispiel für eine Färbung mit Erdpigmenten in Echtgelb.

Abgenutzte Terrakotta

Mit den unterschiedlichen Techniken der dekorativen Malerei kann man Gegenständen aus einem bestimmten Material ein völlig anderes Aussehen verleihen. Der Effekt von Terrakotta, die gewisse Gebrauchsspuren aufweist, zählt zu den einfachsten Möglichkeiten und ist darüber hinaus äußerst dekorativ. Die Technik läßt sich auf jedem Material ausführen und wirkt sehr harmonisch.

1- Tragen Sie mit einem mittleren Schweinsborstenpinsel sorgfältig eine Acrylgrundierung auf den Gipsgegenstand, und lassen Sie die Arbeit trocknen. Die Trocknungszeit ist auf der Dose mit dem Produkt angegeben.

1

2

2- Streichen Sie mit einem kleineren Schweinsborstenpinsel Acrylfarbe in Terrakotte auf die gesamte Oberfläche. Decken Sie den Gegenstand völlig ab, und lassen Sie ihn trocknen. Fügen Sie, falls nötig, eine zweite Schicht hinzu. Trocknungszeit 4 Stunden.

3- Stellen Sie in einem Gefäß eine cremige Mischung aus weißen Pigmenten, Schlämmkreide und Wasser her, und tragen Sie sie mit einem kleinen Flachpinsel auf den gesamten Gegenstand. Achten Sie besonders auf die Vertiefungen. Trocknungszeit eine Stunde. Die Mischung besitzt zwar die Konsistenz von Farbe, enthält aber kein Bindemittel und läßt sich daher nach dem Trocknen wieder entfernen.

Arbeiten wie diese müssen stets mit einem Schutzfirnis überzogen werden. Hier wurde matter Acryllack verwendet. Sehr attraktive Ergebnisse erhält man auch, wenn man die Grundfarbe verändert und zum Beispiel Mittelblau, Hellgrün oder Altrosa statt Terrakotta wählt.

3

4

4- Entfernen Sie das Weiß mit einem angefeuchteten Baumwolltuch stellenweise von den Reliefs, und lassen Sie die Terrakotta an einigen Stellen wieder stärker hervortreten.

5

5- Die fertige Arbeit.

Schwammtechnik

Die Schwammtechnik ergibt je nach verwendetem Material eine mehr oder weniger getüpfelte Wirkung. Sie wird für die Dekoration großer Flächen und mit zarterer Wirkung auch für Gegenstände verwendet. Durch die Kombination unterschiedlich starker Farben erhält man sowohl spektakuläre Effekte als auch sehr diskrete Ergebnisse.

1- Überziehen Sie mit dem Schwamm die zu dekorierende Fläche vor Beginn der Arbeit mit einer Schicht seidenglänzende Latex- oder Vinylfarbe, um ein natürliches Ergebnis zu erhalten. Tragen Sie die mit Wasser verdünnte Vinyl- oder Latexfarbe mit einem breiten Flachpinsel in alle Richtungen. Die Verdünnung erfolgt im Verhältnis 1 Teil Farbe zu 3 Teilen Wasser. Auf großen Flächen arbeitet man in Abschnitten von etwa 1/2 m^2, da die Farbe rasch trocknet und man sonst nicht das erwünschte Ergebnis erzielt.

1

2- Verstreichen Sie die Farbe anschließend mit einem Vertreiber, um ein gleichmäßigeres Ergebnis zu erhalten.

2

Negative Schwammtechnik

Die Tüpfelwirkung variiert je nach der Methode und der Art des Schwamms, mit dem man die Farbe aufträgt. Im Handel sind sowohl Naturschwämme als auch Kunststoffschwämme, mit denen sich unendlich viele Effekte erzielen lassen.

3- Drücken Sie mit einem angefeuchteten Schwamm gleichmäßig in die gesamte Fläche, um Farbe vom Untergrund abzuheben und eine Negativwirkung zu erreichen.
Es empfiehlt sich, die abgehobene Farbe im Schwamm trocknen zu lassen und diesen häufig zu drehen, um ein attraktiveres Ergebnis zu erhalten. Überziehen Sie die Fläche zum Abschluß mit zwei oder drei Schichten Synthetikfirnis.

3

Beispiel für Ultramarinblau mit einer Spur Ocker auf hellblauem Grund.

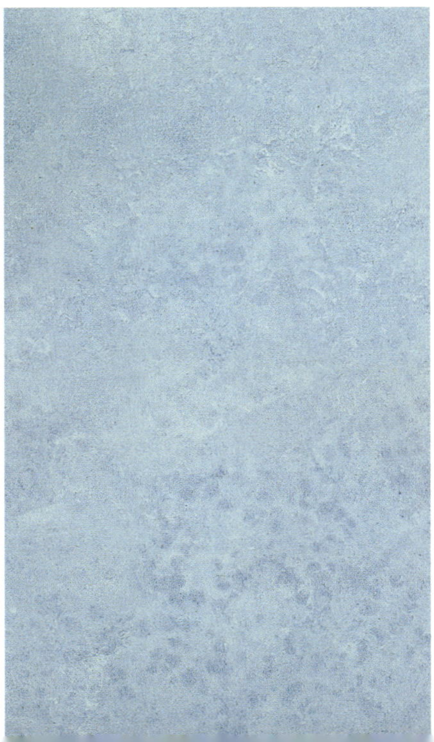

Beispiel für Preußischblau mit Ocker auf cremefarbenem Grund.

Positive Schwammtechnik

Je nach verwendeter Schwammsorte lassen sich auch mit der positiven Schwammtechnik unzählige Effekte erzielen. Man kann hier mehrere Farben schichtweise mischen und dadurch das Endergebnis variieren.

1

2

1- Nehmen Sie eine geringe Farbmenge mit dem Naturschwamm auf, und streichen Sie damit auf einem Teller oder einer Platte, damit sie sich gleichmäßig im Schwamm verteilt.

2- Drücken Sie den Schwamm anschließend behutsam auf die vorbereitete Fläche, und bewegen Sie ihn ungleichmäßig hin und her. So wird das Abdruckmuster ständig variiert. Nachdem die ganze Fläche mit der ersten Farbe getüpfelt ist, lassen Sie sie trocknen.

3- Wiederholen Sie dasselbe Verfahren mit einer weiteren Farbe auf der zu dekorierenden Fläche. Mit dieser zweiten Schicht wird die erste gemildert, und das Ergebnis wirkt gleichförmiger. Sie können auch dieselbe Farbe wählen, müssen dann aber achtgeben, daß Sie nicht zu stark aufdrücken, um die Wirkung nicht zu zerstören.

3

4

4- Zum Abschluß überziehen Sie die Arbeit mit einem synthetischen Lack. Je nach gewünschtem Endergebnis kann der Lack matt oder seidenglänzend sein.

5

5- Fertige Arbeit mit Naturschwamm, Siena natur und Lichter Ocker auf rohweißem Grund.

Beispiel mit Siena gebrannt, Preußischblau und Karmin auf scharlachrotem Grund.

Beispiel mit Orange, Siena natur, Steingrau und Preußischblau auf einem Fond aus Lichter Ocker.

Beispiel für eine Arbeit mit Kunststoffschwamm, Blau und Ocker auf beigem Grund.
Die Verwendung mehrerer unterschiedlicher Schwämme in ein- und derselben Arbeit bereichert die Wirkung und läßt die Dekoration aufwendiger erscheinen. Ferner kann man Effekte unterschiedlicher Schwämme überlagern.

Beispiel mit Siena natur, Steingrau und Dunkelgrau auf rohweißem Grund.

Beizen

Die Beiztechnik wird häufig in der Dekoration verwendet, vor allem für Möbel und Gegenstände aus Holz. Die Abnutzungsspuren und die Überlagerung unterschiedlicher Farben sorgen dafür, daß die Gegenstände genauso aussehen wie echte Antiquitäten.

Nicht immer verwendet man die Beiztechnik, um die Gegenstände altern zu lassen. Eine weitere Möglichkeit wäre, lebhafte, fröhliche Farben zu überlagern, so daß eine zeitgemäße, moderne Wirkung entsteht.

1

1- Möchten Sie einen neuen Gegenstand dekorieren, rauhen Sie die gesamte Oberfläche leicht mit einem Schleifklotz mittlerer Körnung auf. Ist ältere Farbe vorhanden, wird der Gegenstand zunächst mit warmem Wasser und Ammoniak von allen Schmutzspuren gesäubert. Anschließend erfolgt das Anschleifen.

2

3

2- Tragen Sie eine versiegelnde Acrylgrundierung mit dem Flachpinsel auf, und achten Sie darauf, daß die Schicht an den Seiten nicht zu dick wird, damit die Schubläden weiterhin gleiten können. Lassen Sie die Arbeit trocknen. Prüfen Sie unbedingt nach, welche Stärke die Türen und Schubläden nach dem Grundieren und Dekorieren erhalten. Bei einer zu dicken Farbschicht würden sie nicht mehr schließen.

3- Tragen Sie mit einem mittleren Pinsel gleichförmig braune Acrylfarbe auf den gesamten Gegenstand.
Falls die erste Schicht nicht gut deckt, fügen Sie nach dem Trocknen eine zweite Schicht hinzu, und lassen Sie diese 24 Stunden trocknen. Die Trocknungszeit kann je nach Fabrikat variieren. Lesen Sie die Gebrauchsanweisung deshalb sorgfältig.

4

4- Verstreichen Sie anschließend mit einem schmalen Flachpinsel unregelmäßig grüne Acrylfarbe. Überziehen Sie alle Flächen mit dem Grün; lassen Sie jedoch einige Stellen unbemalt.

5

5- Stellen Sie nun eine Mischung aus Grün und Weiß her, um einen helleren Grünton zu erhalten, und überziehen Sie damit die zuvor ausgesparten Stellen. Lassen Sie die Arbeit zwei Stunden trocknen.

6

6- Tauchen Sie Naßschleifpapier für einige Minuten in Wasser, und bearbeiten Sie alle Flächen des Gegenstands unregelmäßig damit, bis Sie die gewünschte Wirkung erreicht haben. Achten Sie besonders auf die Ecken und die Kanten. Die Stärke der Abnutzungsspuren, die man mit dem Naßschleifpapier anbringt, richtet sich nach dem persönlichen Geschmack und dem Gegenstand, den man dekoriert.

7

7- Bevor der Gegenstand getrocknet ist, wird die abgeschliffene Farbe mit einem Baumwolltuch entfernt. Dadurch entsteht eine sehr weiche Endverarbeitung. Lassen Sie die Farbe anschließend vollständig trocknen.

8

8- Zum Abschluß überziehen Sie alle Flächen mit synthetischem Lack, um das Möbelstück gegen Verkratzungen zu schützen. Tragen Sie nach 24 Stunden eine zweite Lackschicht auf. Häufig machen lackierte Stücke nach dem Trocknen den Eindruck, mit Kunststoff überzogen zu sein. Um eine natürlichere Wirkung zu erreichen, empfiehlt es sich, den Lack im Verhältnis 75 % zu 25 % mit Terpentin zu verdünnen.

9

9- Das fertige Möbelstück.

Römisch

Die Fresken und die dekorierten Wände in den Häusern des antiken Roms sind wegen ihrer außerordentlichen Schönheit sehr berühmt. Verleiht man einer Wand oder einem Gegenstand ein marmoriertes Aussehen, entsteht ein angenehmer visueller Eindruck von Weite. Dieser ergibt sich aus der Überlagerung von Transparenzen. Durch Wechseln der Farben lassen sich die vielfältigsten Effekte erzielen.

1

2

3

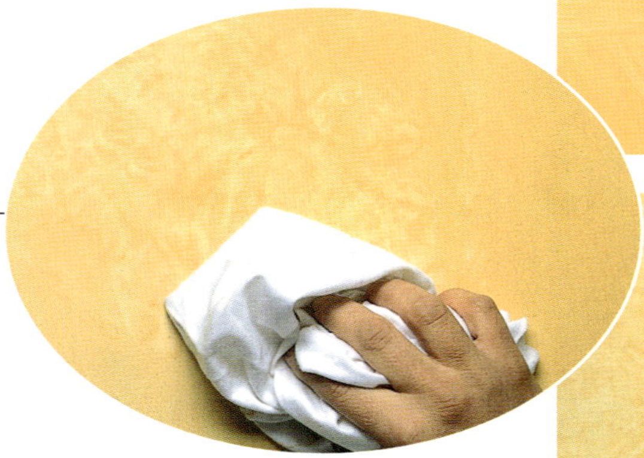

4

5

1- Lasurfarben entstehen aus Mischungen in folgendem Verhältnis:
1 Teil Pigmente in der gewünschten Farbe
1/2 Teil Latex (PVA)
4 Teile Wasser.
Überziehen Sie die zu dekorierende Fläche mit satinierter Vinyl- oder Latexfarbe, und tragen Sie die Lasurfarbe in der gewünschten Nuance rasch mit einem breiten Flachpinsel auf.
Große Flächen wie Wände bearbeitet man in Abschnitten von etwa 1 qm, aber nicht symmetrisch, sondern in unregelmäßiger Form.

2- Ziehen Sie die Lasurfarbe mit dem Verstreicher aus. Dies muß unmittelbar anschließend erfolgen, da Lasurfarbe auf Wasserbasis rasch trocknet.

3- Bearbeiten Sie die gesamte Fläche vor dem Trocknen mit einem Baumwolltuch. Drücken und reiben Sie, bis die gewünschte Wirkung entstanden ist. Um ein natürliches Ergebnis zu erhalten, sollten die Spuren des Tuches ungleichmäßig verteilt sein. Arbeiten Sie deshalb in alle Richtungen: von oben nach unten, diagonal etc.

4- Ist das Ergebnis sehr ausgeprägt, kann man es mit einem Dachsvertreiber mildern, den man achtförmig senkrecht über die Fläche führt. Nur die Spitzen dürfen die Farbe berühren, damit eine äußerst zarte Verwischung entsteht.

5- Für große Flächen empfehlen sich zwei Schichten Lasurfarbe, um ein gleichförmigeres Ergebnis zu erhalten. Vor dem Auftragen der zweiten Schicht muß die erste vollständig getrocknet sein. Das dauert mindestens zwei Stunden. Nachdem die gewünschte Wirkung erreicht ist und die Farbe restlos getrocknet ist, überziehen Sie die Arbeit mit einem matten Firnis.

Beispiel für eine erste Lasurschicht in Siena natur und eine zweite in Ultramarinblau auf einem Fond in Lichter Ocker.

Beispiel für zwei Lasurschichten in Ultramarinblau mit einer Spur Schwarz auf hellblauem Fond.

Beispiel für zwei Lasurschichten in Englischrot mit Rötel auf lachsfarbenem Grund.

Marmorieren mit Wasser

Die Imitation von natürlichem Material war immer schon eine Herausforderung für Maler. Dekorative Effekte, die sich an Steinen und Marmorausrichten, werden schon lange für Möbel und Wände verwendet. Mit dieser Wassertechnik erzielt man sehr schöne Marmoreffekte.

1- Tragen Sie mit einem breiten Flachpinsel hellgrüne Farbe, die Sie zuvor im Verhältnis 1 Teil Farbe zu 3 Teilen Wasser verdünnt haben, auf die zuvor mit zwei Schichten weiße seidenglänzende Latexfarbe grundierte Fläche.

2

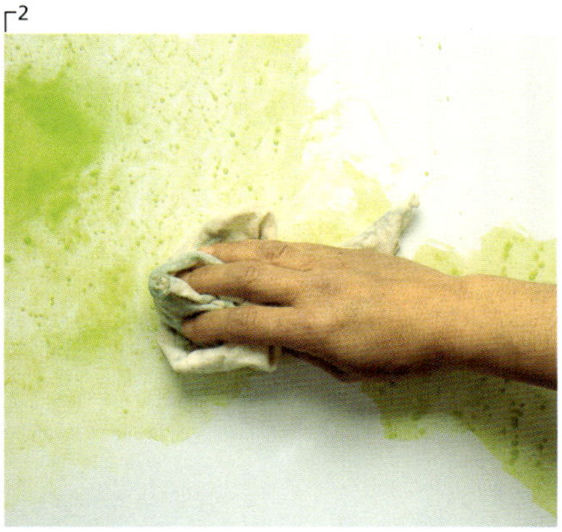

2- Sorgen Sie vor dem Trocknen der Farbe mit einem Baumwolltuch für eine unregelmäßige wolkige Wirkung, indem Sie einige Stellen des Untergrunds wieder hervorholen.

3

3- Dämpfen Sie die Wirkung mit dem Dachsvertreiber, um größere Tiefe zu erhalten. Lassen Sie die Arbeit einige Minuten trocknen.

4

4- Decken Sie die hellen Stellen des vorigen Stadiums mit einem Flachpinsel und mittlerem Grün ab, so daß es mit der ersten Farbe verschmilzt. Überziehen Sie auch die bereits gemalten Flächen, um die beiden Grüntöne zu vereinen.

5

5- Reiben Sie mit dem Baumwolltuch über die Fläche, damit eine wolkige Wirkung von unterschiedlicher Stärke entsteht. Es empfiehlt sich, die Effekte kräftig zu variieren.

6

6- Verwischen Sie die Farbe vor dem Trocknen mit dem Dachsvertreiber, um das Muster abzuschwächen und größere Tiefe zu erzeugen. Dazu muß der Vertreiber senkrecht und ohne Druck in Form einer Acht über die Fläche geführt werden.

7

7- Tränken Sie einen Kunststoffschwamm mit einem Flachpinsel so mit mittlerem Grün, daß sich keine Klumpen bilden.

8

9

10

8- Drücken Sie den Schwamm so auf, daß eine Struktur entsteht, die kleine Steine imitiert. Wichtig ist, daß jeder Abdruck sorgfältig trocknet, bevor er mit weiterer Farbe überlagert wird. Im gegenteiligen Fall könnte sich die vorige Farbe lösen, und der Effekt wäre zerstört. Da Sie auf Wasserbasis arbeiten, ist die Trocknungszeit relativ kurz.

9- Tragen Sie mit dem Flachpinsel weiteres Hellgrün auf einige Stellen, so daß die vorige Farbschicht durchscheint.

10- Verwischen Sie die Farbe mit dem Lappen, um die Pinselspuren zu entfernen.

11

11- Drücken Sie vor dem Trocknen der Fläche mit dem sauberen Schwamm in die feuchte Farbe, so daß unterschiedlich dichte Abdrücke entstehen.

12

12- Verwischen Sie die Effekte behutsam mit dem Dachsvertreiber. Der Vertreiber muß ohne jeden Druck eingesetzt werden, damit die erzielte Wirkung nicht verschwindet.

13

13- Ziehen Sie mit einem dünnen Pinsel feine Adern unterschiedlicher Stärke und Breite aus unverdünntem Mittelgrün in die Fläche.

14

14- Verwischen Sie die Adern vor dem Trocknen leicht mit dem Dachsvertreiber, damit sie sich in den Fond integrieren.

15

15- Drücken Sie einen mit weißer Farbe getränkten Kunststoffschwamm stellenweise auf die Fläche, um kleine Steine zu imitieren. Gehen Sie auch auf einige Adern, um diese besser in das Gesamtbild zu integrieren.

16

16- Verstärken Sie einige Adern mit weißer Farbe, die Sie mit dem Pinsel auftragen, um deren Kristallisierung anzudeuten. Die Farbe wird nur auf jene Adern getragen, die man hervorheben möchte.

17

17- Verwischen Sie die weißen Adern diesmal in aufsteigender Richtung mit dem Dachsvertreiber, um sie in die restliche Arbeit zu integrieren.

18

18- Sind die Adern zu übertrieben, können Sie einige mit dem Kunststoffschwamm und mittlerem Grün abdecken, um eine natürlichere Wirkung zu erreichen.

19- Verstärken Sie einige Schnittstellen der Adern mit Hilfe eines dünnen Pinsels und klar begrenztem mittlerem Grün. Lassen Sie die Arbeit trocknen.

19

20

20- Überziehen Sie die Fläche zum Abschluß mit seidenglänzendem synthetischen Firnis. Damit ist die Arbeit beendet.

Beispiel mit Lachsrosa und mittlerem Graublau auf hellem Ockerfond.

Beispiel mit Hellblau und Siena gebrannt auf weißem Fond.

Schadhafte Strukturen

Die Arbeit mit Strukturen und Schablonenmalerei ist sehr befriedigend, da man unzählige Effekte und Endergebnisse damit erzielen kann. Mit Hilfe von Gips- oder Kittstrukturen lassen sich viele, vor allem rustikale Dekorationen auf rauhe oder schlecht konservierte Wände legen. Die Wände müssen aber nicht in einem schlechten Zustand sein, da man sie mit dieser Technik auch zauberhaft um etliche Jahre altern lassen kann.

1

1- Tragen Sie eine stark verdünnte Lasur in Rötel auf, die Sie aus 1 Teil Latex, 1/2 Teil Pigmente und 6 Teilen Wasser gemischt haben. Verstreichen Sie die Lasur ungleichmäßig mit einem Flachpinsel über die ganze Fläche. Lassen Sie die Arbeit 2 Stunden trocknen.

2

2- Bereiten Sie den Gips nach Vorschrift vor, und verteilen Sie ihn mit dem Metallspachtel in alle Richtungen. Lassen Sie einige Stellen frei. Die Arbeit muß 24 Stunden trocknen. Decken Sie den Boden vor Ihrer Arbeitsstelle sorgfältig ab, da er verschmutzen könnte, falls Sie nicht viel Übung haben.

3
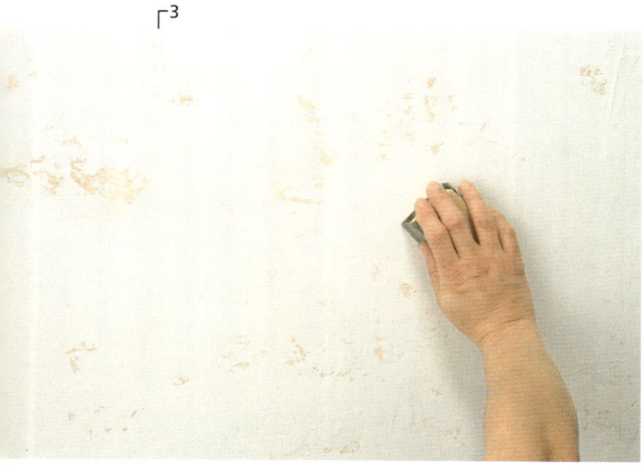

4

3- Häßliche Spuren im Gips kann man mit grobkörnigem Schleifpapier beseitigen. Diese Arbeit muß behutsam und ohne Druck erfolgen, da das Schleifpapier seinerseits Spuren hinterlassen kann.

4- Um den schlechten Zustand der Fläche zu betonen, müssen einige Stellen ohne Gips bleiben, damit die aufzutragende Farbe einen gewissen Kontrast zum Untergrund bildet.

5- Mischen Sie Lasurfarbe in Lichter Ocker aus 1 Teil Latex, 1 Teil Pigmente und 4 Teilen Wasser, und tränken Sie einen Baumwollappen damit. Drücken Sie das Tuch etwas aus, damit sich keine Tropfen bilden, und reiben Sie kreisförmig über die ganze Fläche, damit der Gips getönt wird. Lassen Sie die Arbeit 24 Stunden trocknen.

5

6- Wiederholen Sie das Verfahren mit Ocker, falls Sie eine intensivere Farbe wünschen. Sehr dekorative Effekte entstehen auch, wenn man den Schritt mit einer weiteren Farbe wiederholt und neue Töne mit Hilfe von Transparenzen einführt.

6

7

8

7- Wählen Sie das Motiv, das Sie schablonieren möchten, und pausen Sie es mit einem Kugelschreiber auf Azetatfolie.

8- Schneiden Sie das Motiv mit einem Skalpell oder einem Cuttermesser aus. Legen Sie das Blatt zum Schutz der Arbeitsfläche auf eine Polyesterunterlage.

9- Malen Sie das Motiv mit der Schablone sehr zart und ohne großen Druck, da die Zeichnung völlig natürlich und nicht renoviert wirken soll.

9

10

10- Damit die Zeichnung sich gut in den Fond integriert, schleifen Sie sie unregelmäßig an, um Abnutzungsspuren zu imitieren. Es würde keinen guten Eindruck machen, wenn die Wand gealtert wirkt, das Motiv aber frisch gemalt zu sein scheint.

11

11- Die fertige Wand.

Alterungsspuren

Es gibt viele Methoden, einen Gegenstand durch Abnutzungsspuren künstlich altern zu lassen und seine Farbe zu verschönern oder hervorzuheben.
Wir zeigen Ihnen hier ein charakteristisches Beispiel. Es handelt sich um ein sehr einfaches Verfahren, Gegenstände oder Möbel zu dekorieren und ihnen eine spezielle Erscheinung zu verleihen.

1

1- Schleifen Sie die ganze Fläche vorsichtig an, und tragen Sie mit einem mittleren Pinsel cremefarbene Acrylfarbe auf. Sollte die Farbe nicht komplett decken, lassen Sie sie trocknen, und fügen Sie eine zweite Schicht hinzu. Für unser Beispiel haben wir einen neuen Korb aus Naturholz gewählt. Möchten Sie einen bemalten Gegenstand dekorieren, müssen Sie zuvor eine versiegelnde Acrylgrundierung auftragen.

2

2- Nach dem Trocknen der Farbe schleifen Sie die Ränder und die Kanten an und entfernen die Farbe an einigen Stellen, um Abnutzungsspuren zu erhalten. Anschließend muß der Gegenstand sorgfältig entstaubt werden, damit die nächste Farbe gut haftet.

3

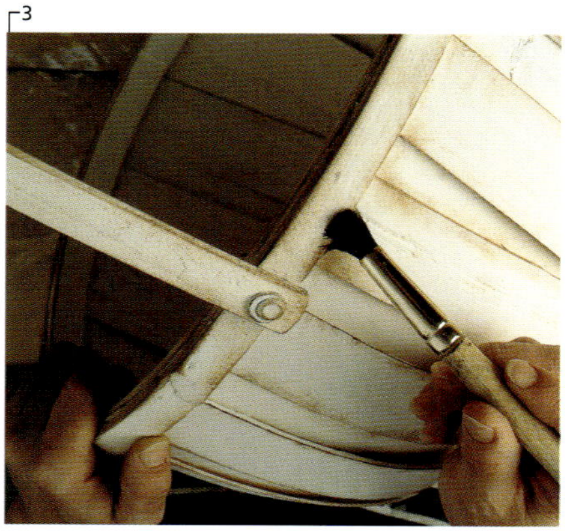

3- Nehmen Sie mit einem harten Pinsel etwas Haselnußbraun auf, und entfernen Sie den Überschuß mit Saugpapier. Schattieren Sie die Kanten mehr oder weniger stark, und halten Sie einige Stellen deutlich ungleichmäßig.
Für unsere Übung wurden natürliche Farben gewählt. Sehr attraktive Effekte entstehen ebenfalls mit auffälligeren Farben wie Gelb und Grün, Orange und Violett, Türkis und Dunkelbraun etc. Wir raten Ihnen, verschiedene Kombinationen auszuprobieren.

4

4- Falls Sie etwas Glanz wünschen, können Sie die Farbe nach dem Trocknen mit einem matten oder seidenglänzenden Schlußfirnis überziehen. Dazu eignet sich sowohl Acrylfirnis als auch synthetischer Firnis.

5

5- Die fertige Arbeit.

Schadhafter Gips

Der Eindruck von porösem, schadhaftem Gips läßt sich sowohl für rustikale Dekorationen als auch für gewagtere, modernere Gestaltungen verwenden. Die Transparenzen, die man mit Farblasuren erhält, erzeugen eine besondere Tiefenwirkung. Die Technik ist einfach und vor allem für große Flächen zu empfehlen, da sie bei kleineren Objekten weniger zur Geltung kommt.

1

1- Mischen Sie Ihre Farbe aus 3 Teilen Wasser, 1 Teil Pigmente und 1 Teil Latex, und fügen Sie zwei Löffel Schlämmkreide hinzu, um der Masse Konsistenz zu verleihen. Tragen Sie die Mischung mit einem Schweinsborstenpinsel senkrecht auf den mit matter Latexfarbe vorbereiteten Grund. Decken Sie nach und nach die ganze Fläche ab, und lassen Sie die Lasurfarbe verfließen. Fügen Sie kleine Markierungen ein, damit die Farbe nicht zu gleichförmig wirkt. Trocknungszeit 5 Stunden.

2

2- Feuchten Sie die Flächen nach dem Trocknen in Abschnitten von 1 qm mit einem in sauberes Wasser getauchten Pinsel an. Damit erleichtern Sie die nachfolgende Wirkung.

3

4

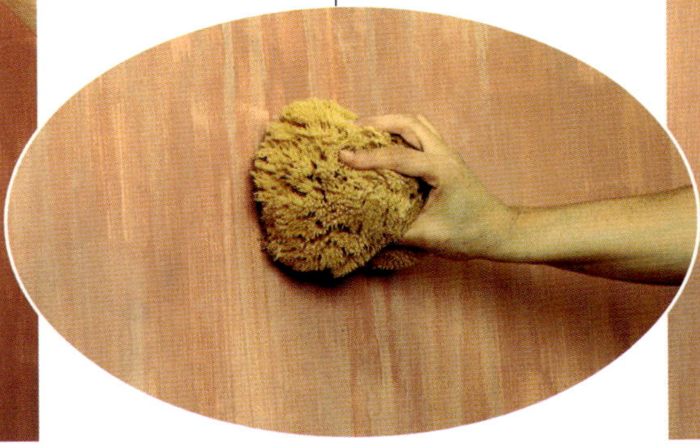

5

3- Fügen Sie eine Mischung aus 1 Teil weiße Pigmente und 2 Teilen Wasser zu der vorigen Farbe, um einen helleren, flüssigeren Ton zu erhalten. Tragen Sie die neue Farbe mit einem dünnen Pinsel als ungleichmäßige Flecken auf. Der Pinsel muß gut gefüllt sein, damit sich vereinzelt Tropfen bilden.

4- Verwischen Sie die Flecken und die verlaufenen Tropfen mit einem in Wasser getauchten und ausgedrückten Naturschwamm. Arbeiten Sie in Intervallen. Lassen Sie den Schwamm einige Sekunden auf der Fläche liegen, und wiederholen Sie das Verfahren, damit die Struktur des Schwamms sichtbar wird.

5- Streichen Sie mit einem Vertreiber senkrecht nach oben, um allzu markante Spuren und verlaufene Tropfen etwas zu verwischen. Durch die Kombination mit anderen Farben als in diesem Beispiel kann man die unterschiedlichsten Wirkungen erzielen. Mit Grautönen erhält der Gips ein bleiartiges Aussehen; Siena natur und gebrannt ergeben eine freundliche, anheimelnde Atmosphäre.

6

6- Die fertige Arbeit. Man kann die Fläche mit mattem Acryllack schützen, um sie unempfindlicher zu machen.

Strukturieren

Die Strukturen und Reliefs, die man bei einigen Flächen vorfindet, sind manchmal ein Vorteil, den man für bestimmte Effekte nutzen kann. Andererseits kann man auch eine neue, zu glatte Wand mit einer zarten Struktur überziehen, um schöne dekorative Wirkungen zu erhalten.
Die folgende Übung ist ein einfaches Beispiel dafür, wie man eine dekorative Struktur mit Farbe anlegt.

1

1- Tragen Sie dicke seidenglänzende hellgraue Latexfarbe mit kurzen Pinselstrichen in alle Richtungen, und sorgen Sie dafür, daß die Spuren sichtbar bleiben. Die feinen Rillen, die durch den Druck des Pinsels entstehen, verleihen der Fläche eine leicht gestrichelte Struktur. Trocknungszeit 2 Stunden. Sind die Pinselspuren zu schwach, warten Sie, bis die Farbe etwas angetrocknet ist, und wiederholen das Verfahren mit dem trockenen Pinsel. Arbeiten Sie in Abschnitten von 1 qm, damit die Struktur gleichmäßig ausfällt.

2

2- Mischen Sie Lasurfarbe aus Ultramarinblau, Ocker, Weiß und etwas Schwarz im Verhältnis 1 Teil Pigmente und 4 Teile Wasser. Tragen Sie die Farbe in alle Richtungen auf, und arbeiten Sie wiederum in Abschnitten von 1 qm. Wichtig ist, daß Sie ungleichmäßig malen, damit die Streifen nicht waagerecht oder senkrecht nebeneinanderliegen.

3

3- Verteilen Sie die Lasurfarbe vor dem Trocknen mit einem Flächenstreicher in alle Richtungen, damit sie gut in die kleinen Rillen der Pinselspuren dringt.

4

4- Arbeiten Sie mit dem völlig trockenen Flächenstreicher weiter, sobald die Schicht zu trocknen beginnt. Dadurch heben Sie einen Teil der Farbe behutsam von dem Relief wieder ab. Trocknungszeit 2 Stunden.

5- Um stärkere Abnutzungsspuren zu erhalten, tupfen Sie die Fläche vorsichtig mit einer harten Wurzelbürste. Dieser Schritt ist allerdings nicht zwingend.

5

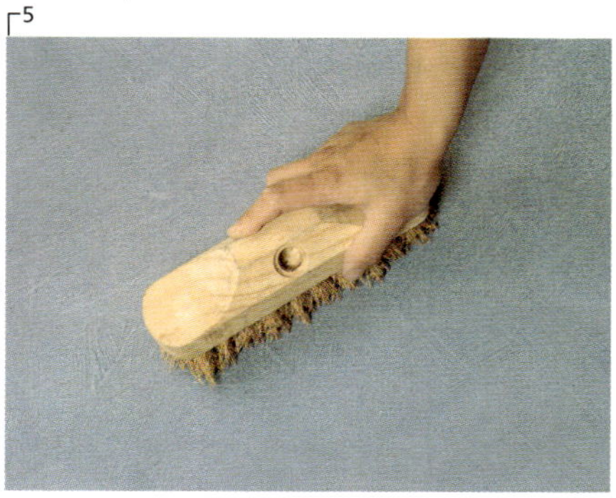

6

6- Ziehen Sie in 1 m Höhe eine Linie für die Lage der Scheuerleiste, und decken Sie diese mit einem Klebestreifen ab. Verstärken Sie die Farbe unterhalb der Leiste, in dem Sie das vorige Verfahren mit einer zweiten Lasur wiederholen. Diese zweite Schicht kann auch mit einer anderen Farbe ausgeführt werden. Dann ist die Wirkung kontrastreicher, und der untere Abschnitt hebt sich stärker ab. Desgleichen kann man mehrere Farben in transparenten Schichten verwenden und damit eine sehr attraktive Tiefenwirkung erhalten.

7

8

9

7- Verstreichen Sie die Lasur mit einem trockenen Vertreiber in alle Richtungen, damit die Farbe gleichförmig wird und keine Abdrücke hinterläßt.
Drücken Sie den Haarkörper von Zeit zu Zeit in einem Lappen aus, und arbeiten Sie mit so trockenem Material wie möglich.

8- Streichen Sie eine Naturholzleiste mit Latex- oder Vinylfarbe aus der Mischung von Ultramarinblau und einer Spur Schwarz, die Sie im Verhältnis 50:50 mit Wasser verdünnen. Die Farbe wird gleichmäßig über die ganze Leiste verteilt. Die Trocknungszeit beträgt 24 Stunden.

9- Mischen Sie nun 1 Teil matte Latexfarbe mit 2 Teilen Wasser, und tragen Sie die Mischung in Abschnitten von etwa 1,50 m auf das Holz.

10

11

10- Reiben Sie mit einem feuchten Lappen abschnittweise über das Holz, bevor die Farbe getrocknet ist, damit der Untergrund teilweise wieder durchscheint. Ist die Schicht zu trocken, bearbeiten Sie sie behutsam mit einem in Methylakohol getauchten Lappen.

11- Schützen Sie das Holz mit mattem Acrylfirnis. Falls Sie ein glänzenderes Ergebnis wünschen, können Sie auch seidenglänzenden Firnis verwenden.
Auch die Wand kann zum besseren Schutz gegen Verkratzung und Staub mit einer Malerrolle gefirnist werden.

12

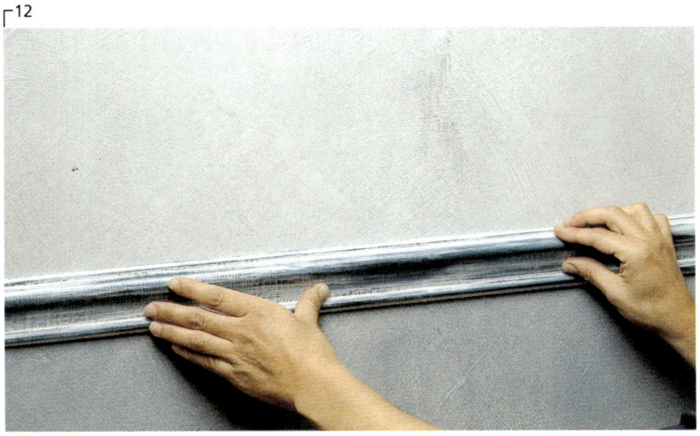

12- Kleben Sie die Leiste mit Kontaktkleber an die Wand, und halten Sie sich dabei an die Linie, die Sie zuvor gezogen haben. Ist die Leiste sehr breit, nagelt man kleine Stifte hinein, damit sie besser hält. Anschließend werden die Einschlaglöcher sorgfältig verspachtelt und mit Farbe abgedeckt.

13

13- Die fertige Arbeit.

Krakelüren auf Wasserbasis

Krakelüren oder rissige Oberflächen gehören zu den schönsten Methoden, um Möbel oder Gegenstände künstlich altern zu lassen. Dekorationen in dieser Technik tauchten erstmals im Frankreich des 18. Jahrhunderts auf. Es gibt mehrere Möglichkeiten, diese Wirkung zu erzeugen. Nicht alle führen mühelos zum Ziel. Wir haben uns für die Technik auf Wasserbasis entschieden, die relativ einfach durchzuführen ist.

1

2

3

1- Überziehen Sie den Gipsobelisk mit einer dünnen Acrylgrundierung. Lassen Sie die Arbeit 3 Stunden trocknen. Decken Sie alle Stellen mit Klebeband ab, die nicht mit Krakelüren versehen werden sollen.

2- Tragen Sie mit einem flachen Kunstfaserpinsel granatrote Farbe auf den Obelisk, und lassen Sie die Schicht trocknen.
Legen Sie, falls nötig, eine zweite Schicht darüber, um eine gleichförmigere Farbe zu erhalten. Trocknungszeit 2 bis 3 Stunden. Die Farbe der Untermalung taucht später in den Rissen der Krakelüre wieder auf.

3- Malen Sie den Sockel des Obelisks mit Englischgrün, das mit dem oberen Teil kontrastiert. Lassen Sie die Farbe trocknen, und fügen Sie nötigenfalls eine zweite Schicht derselben Farbe hinzu. Trocknungszeit 2 bis 3 Stunden.

4- Tragen Sie anschließend so gleichmäßig wie möglich in senkrechter Richtung den Reißlack auf. Dafür benötigen Sie einen Flachpinsel aus Kunstfasern. Je dicker die Schicht, desto kräftiger fällt später die Krakelüre aus. Bei einer dünnen Schicht wird die Krakelüre feiner und weist kürzere, dichtere Risse auf. Die Trocknungszeit hängt von der Zimmertemperatur ab. Ist die Luft sehr trocken, kann eine halbe Stunde ausreichen.

4

5

5- Überziehen Sie nun den Sockel in waagerechter Richtung mit einer Schicht Reißlack, damit die Rillen im Gegensatz zum Oberteil horizontal verlaufen. Lassen Sie die Arbeit 1 Stunde trocknen.

6

7

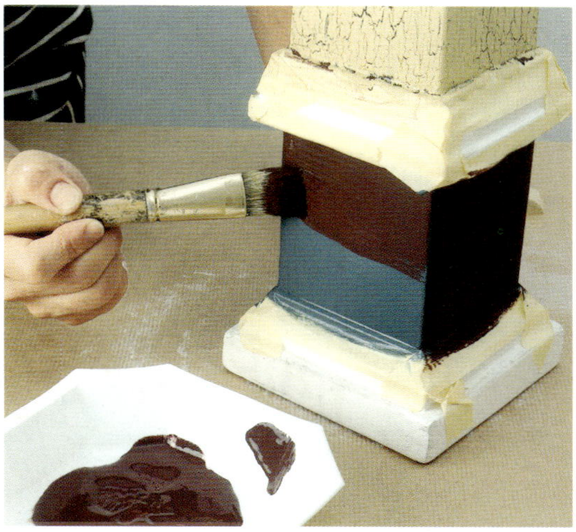

7- Tragen Sie nun granatrote Farbe in waagerechter Richtung so gleichmäßig wie möglich auf den Sockel. Beim Trocknen erscheinen waagerechte Risse, durch die der Grundton teilweise durchscheint.

8- Malen Sie mit Englischrot die restlichen Teile des Obelisks, und decken Sie die Flächen sorgfältig ab. Trocknungszeit 2 Stunden.

8

6- Legen Sie mit einem mäßig gefüllten Schweinsborstenpinsel eine gleichförmige Cremeschicht auf die granatrote Fläche. Nach dem Trocknen der Farbe werden sich darin die Risse der Krakelüre bilden. Lassen Sie die Arbeit 2 Stunden trocknen.
Mischen Sie unbedingt eine ausreichende Menge Farbe, damit die gesamte Fläche in einem einzigen Arbeitsgang abgedeckt werden kann. Im Wiederholungsfall würden sich keine Krakelüren bilden. Möchten Sie das Verfahren beschleunigen, können Sie einen Haarfön verwenden oder eine Halogenlampe an den Gegenstand führen, damit die Wirkung rascher eintritt.

9

10

11

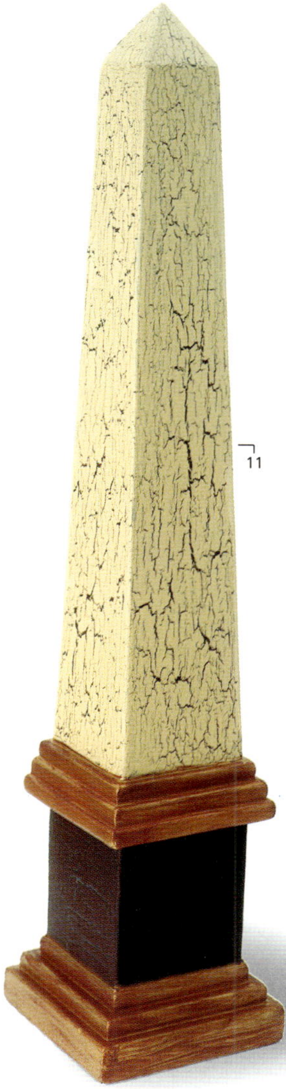

9- Tragen Sie anschließend mit einem Kunstfaserpinsel Goldfarbe auf die englischroten Flächen. Decken Sie einige Stellen nicht vollständig ab. Trocknungszeit 1 Stunde.

10- Möchten Sie die streifige Wirkung unterstreichen oder deckt die Goldfarbe sehr stark, können Sie mit dem Flachpinsel etwas Englischrot darauf tragen, so daß Abnutzungsspuren entstehen. Lassen Sie die Arbeit trocknen.

11- Um die Wirkung haltbarer zu machen, überziehen Sie die Arbeit mit mattem Synthetikfirnis. Wurden die Krakelüren an einem Möbelstück angebracht, empfehlen sich zwei oder drei Firnisschichten, wobei jede Schicht 24 Stunden trocknen muß.

Streifiger Auftrag
Papierausschnitte

Diese Übung beinhaltet mehrere Techniken. Sie ist ein Beispiel für die Vielfalt der Effekte, die man mit unterschiedlichen Kombinationen erhalten kann. Als Variante der Marmorierung wurde der streifige Auftrag im 18. Jahrhundert entwickelt. Man trägt transparente Farbe auf eine glatte Fläche, macht diese streifig und läßt die Grundfarbe als feine Linien wieder durchscheinen.

1

1- Tragen Sie eine Schicht Acrylfarbe in Lichter Ocker, die Sie im Verhältnis 2 Teile Farbe zu 1 Teil Wasser verdünnt haben, auf die zuvor mit seidenglänzender Latexfarbe grundierte Fläche. Arbeiten Sie in Abschnitten von 1 m².

2

2- Ziehen Sie die Farbe vor dem Trocknen mit einem Vertreiber in alle Richtungen aus, um Tiefenwirkung zu erhalten. Die Farbe muß so lange bearbeitet werden, bis der Untergrund teilweise wieder durchscheint.

3
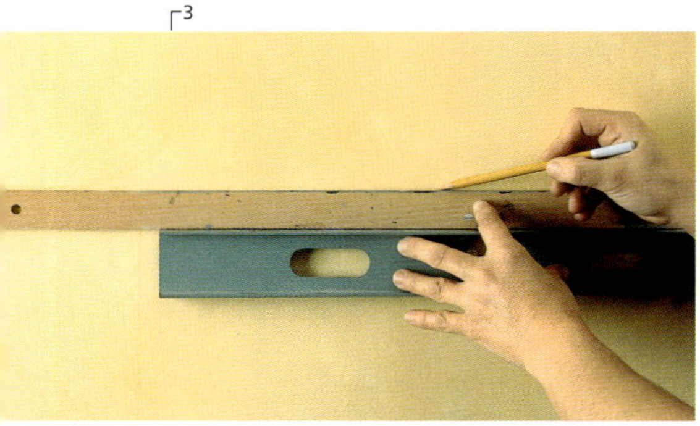

3- Messen Sie die Höhe des Sockels vom Boden aus, und ziehen Sie eine waagerechte Linie mit Hilfe einer Wasserwaage und eines Lineals. Die senkrechten Linien werden ebenfalls ausgemessen. Der Abstand beträgt 15 cm.

4

4- Schützen Sie die Außenränder der Streifen mit Klebeband. Wir raten Ihnen, alle Abschnitte, die nicht bemalt werden sollen, mit Bändern zu markieren, damit Sie sich nicht in der Fläche irren. Vor Beginn des Malens sollten Sie sich vergewissern, ob alle Klebestreifen gut haften.

5

5- Acrylfarben sind wasserlöslich und trocknen daher rasch. Um mehr Zeit zum Arbeiten zu haben, kann man ein Medium hinzufügen, das den Trocknungsprozeß verzögert. Mischen Sie Ultramarinblau und das Medium zu gleichen Teilen, und decken Sie die senkrechten Streifen vollständig ab.

6

6- Fahren Sie unter leichtem Druck vorsichtig mit einem trockenen Vertreiber über die Fläche, so daß zarte Pinselspuren entstehen. Bearbeiten Sie jeden Streifen einzeln. Der Vertreiber muß zwischen jedem Arbeitsgang gut ausgedrückt werden, damit er neue Farbe abheben kann. Lassen Sie die Arbeit 24 Stunden trocknen.

7

7- Ziehen Sie nun auf dieselbe Weise wie zuvor einen waagerechten Streifen von 3,5 cm Breite. Fahren Sie mit einem völlig trockenen flachen Kunstfaserpinsel waagerecht darüber, damit hier ebenfalls eine streifige Wirkung entsteht. Lassen Sie die Arbeit 24 Stunden trocknen.

8

8- Bei der Zeichnung, die Sie zum Dekorieren in dieser Technik wählen, kann es sich um ein Original handeln oder um ein Motiv aus Zeitschriften, Büchern etc. Passen Sie die Zeichnung der Fläche an, für die sie bestimmt ist, indem Sie vergrößerte oder verkleinerte Fotokopien davon anfertigen. Malen Sie die Motive auf den Fotokopien aus. Die Farbe muß so stark verdünnt sein, daß die Arbeit wie ein Aquarell wirkt. Auf diese Weise erhalten die fertigen Motive ein künstlerisches Aussehen.

9

9- Schneiden Sie die Zeichnung mit einem Skalpell oder einem Cuttermesser aus.
Die Dekoration mit Papierausschnitten hat eine lange Tradition. Vor allem Ende des 18. Jahrhunderts war sie groß in Mode. Damals schnitt man Radierungen aus und klebte sie auf Wände, Möbel und Gegenstände.
Heutzutage kann man die Motive mit dem Fotokopierer endlos vervielfachen und sie in zahlreiche Dekorationen aufnehmen.

10- Besprühen Sie die Rückseite der Motive mit ablösbarem Kleber, um die Zeichnungen so lange auf der Wand verteilen, wieder abnehmen und umsetzen zu können, bis Sie eine angenehme Wirkung erreicht haben.

10

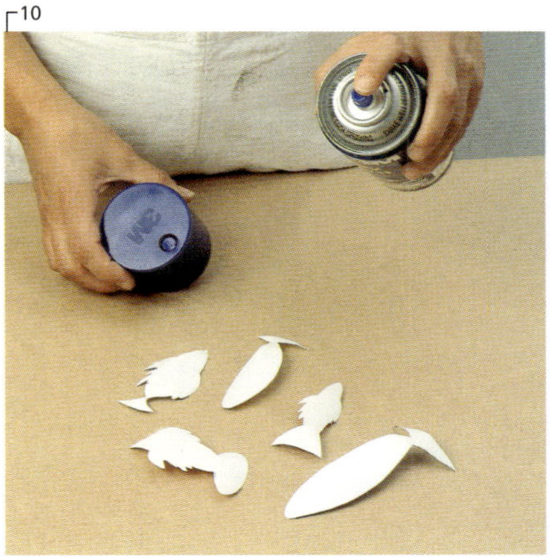

11

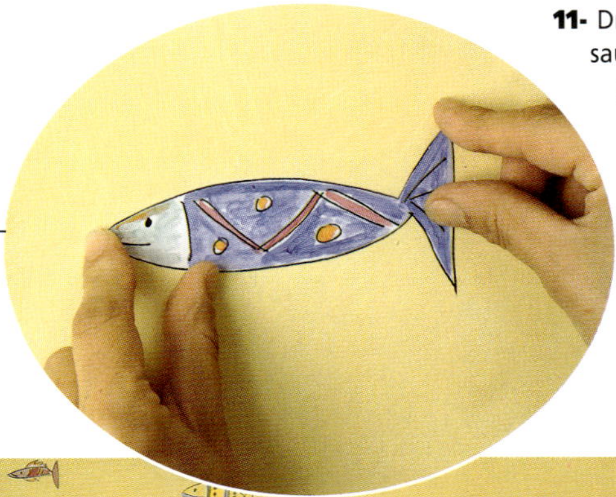

11- Drücken Sie die kleinen Fische nun mit sauberen Händen fest an die gewünschten Stellen.
In unserem Beispiel wurden die Motive ungleichmäßig über die Wand verstreut. Sie können die Fische auch anders verteilen, zum Beispiel als Borte oberhalb der waagerechten Linie oder zwischen den senkrechten Streifen. Jede Methode ergibt eine hübsche Dekoration.

12- Überziehen Sie nun die gesamte Fläche mit einer Schicht matten Acrylfirnis, um die Zeichnungen gemeinsam mit der Wand zu schützen. Für große Flächen empfiehlt sich die Verwendung einer Schaumgummirolle, um den Firnis gleichmäßig zu verteilen. Lassen Sie die Arbeit 6 Stunden trocknen, und legen Sie eine zweite Firnisschicht darüber.
Verziert man einen stark beanspruchten Tisch oder einen Gegenstand mit Papierausschnitten, muß man bis zu fünf oder sechs Firnisschichten auftragen, um zu verhindern, daß die Dekoration durch Kratzer beschädigt wird.

12

13

13- Die fertige Arbeit.

Steinimitation

Die Imitation von Stein und Marmor mit unterschiedlichen Maltechniken ist seit vielen Jahrhunderten in der Dekoration bekannt. Die hier gezeigte Imitationstechnik wurde schon von den Dekorationsmalern der Antike verwendet, die damit Treppengeländer, Säulen und auch kleine Gegenstände schmückten.

1

1- Schmirgeln Sie die gesamte Oberfläche der Styroporkugel ab, um die Unebenheiten und kleinen Erhebungen zu entfernen, die sich aus dem Pressen des Materials ergeben.

2

2- Überziehen Sie die ganze Fläche mit versiegelnder Acrylgrundierung, und schließen Sie dabei die kleinen Löcher im Material. Trocknungszeit 1 Stunde. Um die Kugel leichter bemalen zu können, empfiehlt es sich, sie auf einen Pinselstiel zu spießen.

3

3- Bemalen Sie die gesamte Fläche ungleichmäßig mit einem Schweinsborstenpinsel und leicht verdünntem Umbra gebrannt.

4

4- Bevor die Acrylfarbe getrocknet ist, schlagen Sie mit dem Haarkörper behutsam darauf, um eine gleichmäßige Punktierung zu erhalten und die Pinselspuren zu beseitigen. Trocknungszeit 10 Minuten.

5

5- Tüpfeln Sie die Fläche unregelmäßig mit einem Naturschwamm und Umbra gebrannt. Trocknungszeit 10 Minuten.

6

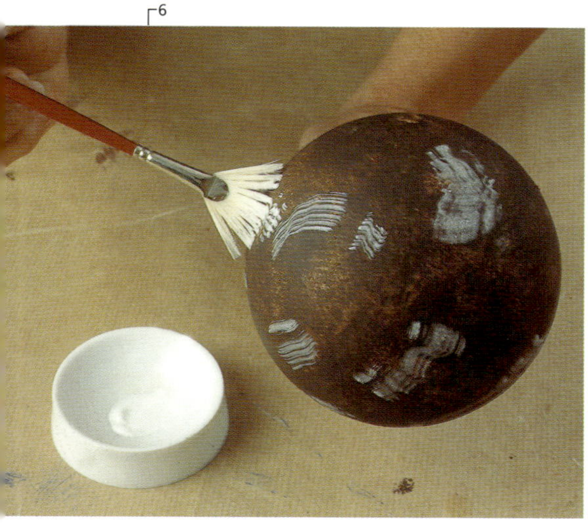

6- Tauchen Sie einen Fächerpinsel in weiße Farbe, und legen Sie ungleichmäßige Flecken für die Adern an. Trocknungszeit 10 Minuten.

7

7- Schneiden Sie kleine unregelmäßige Zeitungsschnipsel aus, und legen Sie diese in eine Schale.

8

8- Gießen Sie Wasser in das Gefäß, um die Papierschnipsel einzuweichen.

9- Bekleben Sie die gesamte Fläche mit den Papierschnipseln. Kombinieren Sie unterschiedliche Formen und Größen, und drücken Sie die Schnipsel zum besseren Haften ein wenig an.

10- Überziehen Sie die Oberfläche rasch mit einem Naturschwamm mit Englischrot, so daß die Struktur des Schwamms sichtbar wird.

9

10

11

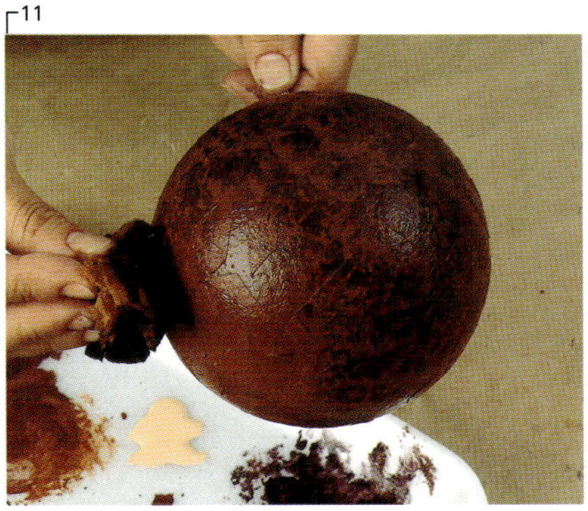

11- Wiederholen Sie das Verfahren mit Umbra gebrannt, bevor die vorige Schicht getrocknet ist, damit beide Farben sich mischen.

12

12- Tragen Sie nun Hellrosa mit dem Schwamm auf. Decken Sie die Oberfläche so gut wie möglich ab, und integrieren Sie die Farbe in die vorige, um verschiedene Nuancen zu erhalten.

13

13- Wiederholen Sie das Verfahren mit Englischrot plus einer Spur Terrakotta. Halten Sie die Schicht diesmal dünner, damit sie die vorigen Farben nicht abdeckt.

14

14- Ziehen Sie die Papierschnipsel vor dem restlosen Trocknen der Farbe mit der Spitze eines Skalpells oder einer Schere vorsichtig wieder ab. Es entstehen unterschiedliche Strukturen, die kleine Steine simulieren. Überziehen Sie die Arbeit mit drei Schichten glänzenden Acrylfirnis. Für ein rustikaleres Endergebnis benötigen Sie matten Firnis.

15

15- Die fertige Arbeit.

Abblätternde Farbe

Durch Überlagern von verschiedenen Farben und Tönen kann man sehr schöne Effekte erzeugen. Die Technik verleiht Möbeln und Gegenständen rustikales Aussehen, das im Laufe der Zeit auch auf natürliche Weise entsteht.

1

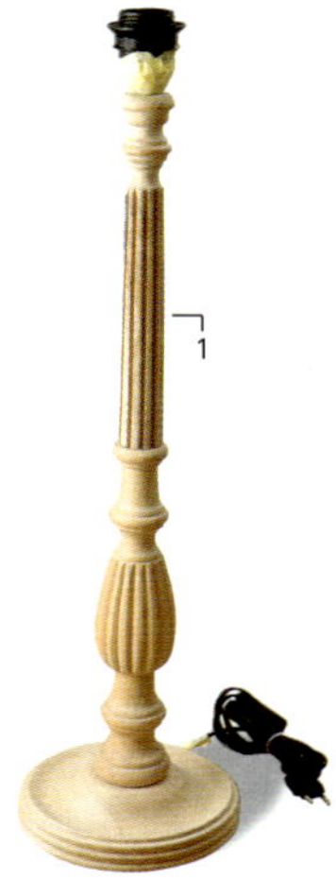

1- Dieser schöne Lampenfuß aus Naturholz eignet sich ausgezeichnet für die gewählte Technik. Rauhen Sie die gesamte Oberfläche zart mit Schleifpapier mittlerer Körnung an.

2

2- Mischen Sie in einem Gefäß 3 Teile mittleres Braun mit 1 Teil Wasser, so daß eine Farbe von flüssiger Konsistenz entsteht. Tragen Sie die Farbe mit einem Kunstfaserpinsel auf die gesamte Fläche. Trocknungszeit 1 Stunde. Dieser Schritt entspricht dem Tönen von Naturholz um eine dunklere Nuance. Man kann auch auffälligere Farben wie Rot oder Zitronengrün kombinieren.

3

3- Überziehen Sie den Gegenstand mit mattem synthetischem Schutzfirnis, den Sie zuvor im Verhältnis 70 zu 30 mit Wasser verdünnt haben. Decken Sie die ganze Fläche gleichmäßig ab. Trocknungszeit 24 Stunden.

4

4- Tragen Sie weiße Acrylfarbe auf die gesamte Fläche, und achten Sie besonders auf die Vertiefungen. Trocknungszeit 2 Stunden.

5

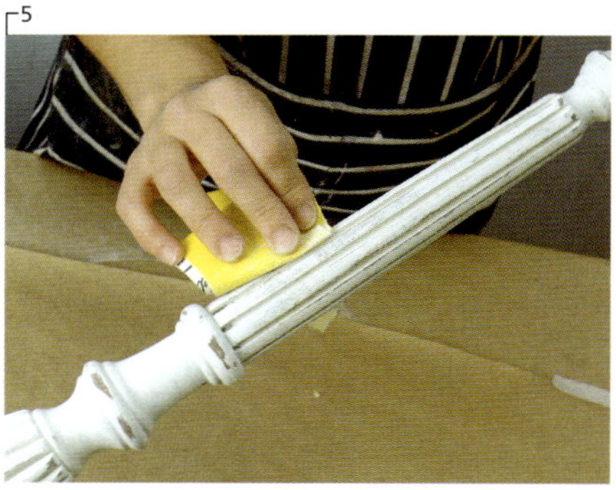

5- Schleifen Sie die ganze Fläche vorsichtig mit Schleifpapier mittlerer Körnung an. Bearbeiten Sie insbesondere die Erhebungen, damit die vorige Farbe in Form kleiner Kratzer an manchen Stellen wieder hervortritt.

6

6- Um ein sanfteres Abblättern zu erreichen, holen Sie die Grundfarbe an einigen Stellen mit feiner Stahlwolle wieder hervor. Stauben Sie den Gegenstand anschließend sorgfältig ab.

7

7- Tragen Sie mit einem Baumwollappen farbloses Wachs auf die gesamte Oberfläche, um ein zartes seidenglänzendes Erscheinungsbild zu erhalten. Das Wachs sorgt für eine angenehme Griffigkeit und den Eindruck von Alterung. Für eine auffälligere Wirkung kann man auch farbiges Wachs verwenden. Polieren Sie den Lampenfuß zum Abschluß mit einem Fensterleder, um den Seidenglanz alter Gegenstände zu erhalten.

8

8- Versehen Sie den Lampenfuß mit einem Schirm in derselben Technik, paßt er sich zahlreichen Stilen an. Obwohl das Erscheinungsbild etwas grob und rustikal wirkt, kann es etlichen Ambienten einen raffinierten Touch verleihen.

Strukturierter streifiger Auftrag

Die Überlagerung unterschiedlicher Wasserfarben mit Alterungsspuren eignet sich ausgezeichnet zur Dekoration von Möbeln und Objekten, wirkt aber auch sehr hübsch an Türen und Fenstern. Die Technik ist einfach, muß aber rasch ausgeführt werden, damit der streifige Eindruck nicht verlorengeht.

1- Überziehen Sie das Möbelstück mit versiegelnder Acrylgrundierung, und tragen Sie seidenglänzende Latexfarbe in Lichter Ocker auf die gesamte Fläche. Die Farbe muß ziemlich dicht sein. Drücken Sie daher beim Auftragen mit dem Pinsel gut auf, damit eine gleichförmige Streifenwirkung entsteht. Diese ist um so dekorativer, je stärker sie hervortritt. Trocknungszeit 2 Stunden.

1

2

2- Fertigen Sie eine Mischung aus 1 Teil matte hellbraune Latexfarbe und 1 Teil Wasser an, und tragen Sie diese mit einem mittleren Schweinsborstenpinsel auf. Verwenden Sie stellenweise einen abgenutzten harten Flachpinsel, damit deutliche Abdrücke und Streifen entstehen.

3- Bearbeiten Sie die Fläche vor dem Trocknen unregelmäßig mit einem Vertreiber, damit die Farbe gut in die Rillen dringt, da diese die Grundlage für die Struktur bilden. Trocknungszeit 1 Stunde.

3

4- Rauhen Sie die Fläche ungleichmäßig mit Schleifpapier mittlerer Körnung an, um Alterungsspuren zu erhalten und die Untergrundfarbe teilweise wieder hervorzuholen. Entfernen Sie anschließend allen Staub.

4

5- Mischen Sie in einem Gefäß 1 Teil blaue Pigmente, 3 Teile Wasser und 1 Teil Latex zu einer ziemlich verdünnten Farbe. Tragen Sie diese abschnittweise gleichförmig auf.

5

6- Bearbeiten Sie die Fläche vor dem Trocknen mit einem trockenen Vertreiber, um die unterschiedlichen Farben und Töne des Fonds wieder hervorzuholen. Überziehen Sie die Arbeit zum Abschluß mit mattem synthetischen Schutzfirnis.
Der Vertreiber muß unbedingt trocken sein. Drücken Sie ihn daher zwischendurch immer wieder in einem Lappen oder Saugpapier aus.

6

7

7- Die fertige Arbeit.

Oxidieren mit Eisensulfat

Oxidationseffekte werden heutzutage häufig zum Dekorieren von Metallmöbeln, Lampenfüßen und sonstigen dekorativen Elementen verwendet. Das Interessanteste an der Oxidation mit Eisensulfat ist, daß man die Wirkung nach einer entsprechenden Vorbereitung auf jeder Oberfläche anbringen kann (Kunststoff, Holz, Stuckgips etc.) und dann den Eindruck von Metall erhält.

1

1- Mischen Sie 1 Teil gelbe Latexfarbe mit 6 Teilen Wasser, um eine sehr flüssige Farbe zu erhalten. Das Ergebnis muß gefärbtem Wasser ähneln. Überziehen Sie den gesamten Gegenstand mit dieser Farbe, ohne ihn vollständig abzudecken.

2

2- Wiederholen Sie das vorige Verfahren mit Siena natur. Bearbeiten Sie insbesondere die Vertiefungen und die Krümmungen.
In diesem Fall dekorieren wir eine Simsleiste aus Gips, die keinerlei Grundierung benötigt. Möchten Sie den Effekt auf anderem Material anbringen, zum Beispiel auf Kunststoff, Styropor oder Holz, tragen Sie zuvor ein oder zwei Schichten versiegelnde Acrylgrundierung auf.

3

3- Überziehen Sie das gesamte Stück mit ebenfalls verdünntem Rotoxid, und lassen Sie die vorigen Farben stellenweise durchscheinen.

4- Beenden Sie die Arbeit mit Dunkelbraun für die hochragenden Stellen, ohne die vorigen Farben restlos abzudecken.
Die hier verwendeten warmen Farben eignen sich gut für die angestrebte Wirkung. Man kann sie jedoch variieren und eine künstlerischere Oxidierung erreichen.

4

5- Wiederholen Sie das Verfahren mit Dunkelbraun, und verstärken Sie den Ton an einigen Stellen. Lassen Sie die Arbeit trocknen. Auch wenn Sie andere Farben als Grundlage wählen, sollten einige davon in einem dunklen Ton sein, damit die Oxidation stärker erkennbar wird.

5

6

6- Lösen Sie das Eisenoxid in Wasser auf, und feuchten Sie das ganze Element gründlich mit dieser Flüssigkeit an. Lassen Sie die Arbeit an einem gut belüfteten Ort trocknen. Wünschen Sie einen starken Oxidationseffekt, wiederholen Sie das Verfahren, nachdem die erste Schicht halb getrocknet ist. Es empfiehlt sich, Gummihandschuhe zu tragen, da Eisensulfat eine starke Oxidationskraft besitzt. Auch die Arbeitsfläche sollte ausreichend geschützt sein. Legen Sie das bearbeitete Element zur Beschleunigung der Oxidation an einen gut belüfteten Ort. Die Zeitspanne hängt vom Klima und dem angestrebten Grad der Oxidation ab.

7

7- Den Grad der Oxidation bestimmen Sie selber. Je mehr Zeit vergeht, desto stärker wirkt das Eisensulfat. Nachdem der gewünschte Grad erreicht ist, überziehen Sie das Element mit einem Schutzfirnis. Dieser bremst den Oxidationsprozeß. Das Firnissen muß sehr sorgfältig geschehen. Verwenden Sie zwei oder drei Schichten aus mattem Material.

8- Oxidiert das Element zu gleichförmig, heben Sie einige Stellen des Reliefs hervor, indem Sie mit dem beinahe trockenen Pinsel flüssigen Asphaltgraphit auftragen. Dadurch wird die Wirkung kontrastreicher.

8

9- Entfernen Sie den überschüssigen Asphaltgraphit mit Saugpapier von den entsprechenden Stellen.

9

10

10- Das fertige Ergebnis.

Wischen und Alterungsspuren

Mit Techniken auf Wasserbasis gibt es fast unbegrenzte Möglichkeiten, Effekte zu erreichen. Das Wischen ist eine davon. Es handelt sich um eine sehr einfache Technik mit einer sehr dekorativen Wirkung. Man verwendet sie sowohl für große Flächen als auch für kleine Möbel und Objekte.

1

2

3

4

1- Mischen Sie 2 Teile mittelblaue Latexfarbe mit 2 Teilen Wasser. Tragen Sie die Farbe ungleichmäßig auf die zuvor mit hellblauer seidenglänzender Latexfarbe grundierte Fläche.

2- Ziehen Sie die Farbe vor dem Trocknen mit einem Vertreiber rasch in alle Richtungen aus. Bei großen Flächen arbeitet man in Abschnitten von maximal 1 qm, damit die Farbe nicht trocknet, bevor sie verstrichen ist.

3- Wischen Sie mit einem Baumwolltuch über die gesamte noch feuchte Fläche, und heben Sie an einigen Stellen Farbe wieder ab. Ist die Farbe zu trocken, können Sie den Lappen mit sauberem Wasser anfeuchten.

4- Sie können die Wirkung verstärken, in dem Sie behutsam mit Schleifpapier mittlerer Körnung über die Fläche streichen. Mit dieser Methode werden vor allem große Flächen gleichmäßiger. Der Schritt ist fakultativ und erübrigt sich, wenn das Ergebnis mit dem Lappen bereits zufriedenstellend ist.
Das Endergebnis dieser Übung richtet sich nach dem visuellen Eindruck, den man erreichen möchte. Die Technik läßt je nach ausgeübtem Druck mehrere Endverarbeitungen mit unterschiedlichen Alterungsgraden zu.

5- Nach dem Trocknen überziehen Sie die gesamte Arbeit gleichförmig mit mattem synthetischem Firnis.

5

6

7

6- Diese Wirkung erhalten Sie nach Abschluß der beschriebenen Technik. Wie zu sehen, ist sie sehr dekorativ. Auf großen Flächen läßt sich ein ausgesprochen spektakuläres Endergebnis erzielen.

7- Möchten Sie der Arbeit zusätzliche Alterungsspuren verleihen, können Sie die Fläche mit einer Patina aus Wachs und Asphaltgraphit versehen. Überziehen Sie die ganze Arbeit mit der Mischung. Sie können sich Zeit lassen, da Wachs die Wirkung von Asphaltgraphit nicht nur mildert, sondern auch dessen Trocknungszeit verlängert.

8
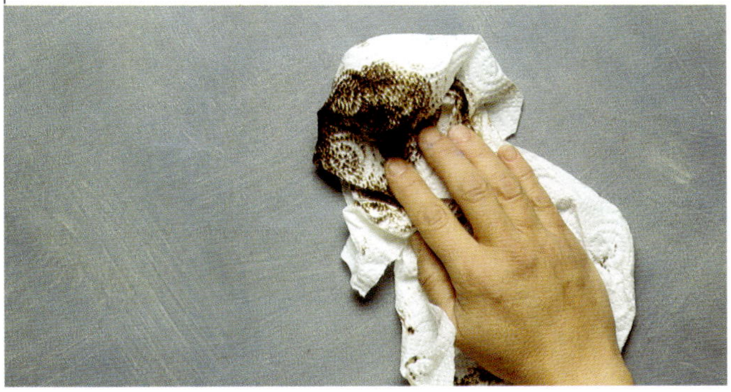

9

8- Entfernen Sie den Überschuß der Patina vor dem Trocknen vorsichtig mit Saugpapier, so daß ein homogener Ton entsteht. Sie können auch ein Baumwolltuch verwenden. Ist die Wirkung des Asphaltgraphits zu dunkel, können Sie den Ton mildern, indem Sie ihn mit farblosem Möbelwachs bearbeiten. Damit entfernen Sie den Überschuß, und das Endergebnis wirkt sanfter.

9- Endergebnis mit Alterungspatina. Gelegentlich kann man eine Wand auch wischen und aus dekorativen Gründen nur den unteren Abschnitt von etwa 1 m Höhe als Sockel altern lassen. Der abschließende Effekt ist sehr dekorativ.

Beispiel für eine gewischte Wand mit Rötel auf rohweißem Grund ohne Alterungspatina.

Beispiel für Grün auf gelbem Grund ohne Alterungspatina.

5 Techniken auf Ölbasis

Seit Jahrhunderten versucht der Mensch, teils aus Notwendigkeit, teils um des Experiments willen unterschiedliche Materialien und Strukturen zu imitieren. Für einige Materialien sind die Öltechniken das geeignetste Malverfahren. Die Imitation exotischer Hölzer, herrlicher Marmorsorten oder Edelsteinen in Öl ergibt absolut spektakuläre Ergebnisse. Mit Phantasie und Kreativität kann man auch moderne Erscheinungsbilder schaffen. Pflanzliches Öl in unterschiedlichen Proportionen ist das wesentliche Bindemittel für die Herstellung von Ölfarben und Öllasurfarben, mit denen man außerordentlich prachtvolle Effekte erzielen kann. Da die Farben ziemlich langsam trocknen, hat man relativ viel Zeit, um die gewünschte Wirkung zu erarbeiten. Andererseits kann das aber auch ein Nachteil sein, da man warten muß, bis die vorige Schicht getrocknet ist, bevor man die nächste auftragen darf. Nicht selten kann dies sogar Tage dauern.

Dekoration mit Öltechniken

Experimente mit diversen Bindemitteln von unterschiedlicher Trocknungszeit führten dazu, daß die alten Meister und Handwerker schließlich zu pflanzlichen Ölen griffen, um mehr Zeit für die Ausarbeitung der einzelnen Effekte zu erhalten. Leinöl und Nußöl werden am häufigsten für die Herstellung von Ölfarben und Öllasurfarben verwendet, da sie im Laufe der Zeit vollständig trocknen. Eine Benutzung von Olivenöl wäre nicht möglich, da dieses überhaupt nicht trocknet. Die Zusammensetzung der Ölfarben hat sich seit dem 15. Jahrhundert kaum verändert.

Verwendung

Nach dem Trocknen sind Arbeiten mit fetten Farben sehr widerstandsfähig. Man verwendet sie daher gern für Dekorationen, die stärkerer Belastung oder Abnutzung ausgesetzt sind. Türen und Fenster werden mit fetten Farben gestrichen, um sie haltbarer zu machen, da die Farben nach dem Trocknen wasserdicht sind. Email- und Alkydharzfarben liefern die geeignete Grundlage für spätere gute Ergebnisse. Der Fachhandel bietet eine breite Farbenkarte an. Man kann die gewünschte Nuance aber auch mit einem Universalabtöner selber mischen. Die industriell gefertigten Farben, die synthetische Harze und Öle enthalten, trocknen zwar langsamer als Wasserfarben, sorgen aber für sehr haltbare Werke. Man findet sie matt, seidenglänzend und glänzend. Am besten geeignet für dekorative Effekte sind seidenglänzende Endverarbeitungen.

Mit den Öltechniken lassen sich diverse Effekte erzielen. Bei diesem Beispiel handelt es sich um eine Wand in Rohweiß und Beige als Imitation von Moiréstoff.

Dekorative Effekte

Zahlreiche Elemente werden miteinander kombiniert, um ein bestimmtes Ambiente zu schaffen: Farben, Möbel, Stoffe, Zubehör etc. Mit den unterschiedlichen Effekten, die uns die Farbe liefert, ist es ziemlich einfach, große Räume oder schlichte Objekte zu dekorieren.

Einige Grundkenntnisse in den Öltechniken reichen aus, um ein befriedigendes Ergebnis zu erzielen, ohne ein Profi zu sein. Die Rezepte für die Herstellung der unterschiedlichen Öllasurfarben haben sich in den letzten Jahrhunderten nicht verändert. Obwohl der Fachhandel ständig neue Produkte anbietet, sind die Grundmischungen dieselben geblieben, die zu allen Zeiten von Dekorationsmalern und Handwerkern verwendet wurden. Die allmähliche Beherrschung dieser Technik zahlt sich aus, sobald sich die gewünschte Wirkung tatsächlich einstellt. Mit einem kleinen oder größeren Pinselsortiment und dem erforderlichen Zubehör sowie der korrekten Vorbereitung der Flächen kann man nach und nach Ergebnisse von hohem Niveau erreichen.

Im Grunde arbeitet man immer mit derselben Rezeptur. Der Unterschied zwischen den einzelnen Effekten ergibt sich aus der Arbeitsweise mit Schwämmen, Lappen, bestimmten Pinseln etc.

Die Effekte in Öl und vor allem die Transparenzen aus der Überlagerung mehrerer Lasuren gleicher oder unterschiedlicher Farbe ergeben immer wieder andere Endergebnisse. Die Struktur der Ölfarben ermöglicht äußerst elegante Dekorationen und sehr aufwendige Bearbeitungen innerhalb des jeweiligen Ambientes. Die Wirkungen reichen von schlichten, modernen Effekten bis zur Pracht von Marmor und der Qualität von Holz.

Wandsockel in Öl als Imitation einer Vertäfelung aus dunklem Holz.

Art der Verwendung

Die Verwendung ist praktisch unbegrenzt. Man findet hohe Wände mit Imitationen von Stein, Holz oder Wandvertäfelungen, dekorative Decken mit weiten Himmeln und Böden mit imitiertem Marmor oder anderem Material. Mit Imitationen dekorierte Kranzleisten, Sockel und architektonische Elemente verschönern das Ambiente und bestimmen manchmal den Stil einer Epoche oder einer Persönlichkeit.

Wie die Techniken auf Wasserbasis lassen sich die Öltechniken nach einer entsprechenden Grundierung auf jeden Untergrund tragen: Metall, Holz, Gips etc. Man trägt zwei Schichten seidenglänzende Alkydharzfarbe auf die zu dekorierende Fläche, wobei allerdings die erste Schicht restlos getrocknet sein muß, bevor die zweite angelegt wird. Da die Farben stark riechen und ihr Geruch nicht eingeatmet werden darf, sollte man unbedingt für eine gute Belüftung sorgen. Außerdem muß das zu dekorierende Zimmer frei von Staub sein, da dieser das fertige Ergebnis zerstören könnte.

Bei Möbeln und kleineren Gegenstände sorgt die Öltechnik für ein hübsches, dekoratives Erscheinungsbild. Obwohl das Endergebnis sehr gut haltbar ist, sollte man es zusätzlich mit einem Synthetik- oder Polyurethanfirnis schützen.

Reproduktion eines alten Messingspielzeugs mit einer Bemalung in Öl.

Lasuren in Öl

Es ist sehr einfach, gute Effekte mit dieser Technik zu erhalten, und es kann gleichzeitig sehr unterhaltsam sein, mit diversen Materialien und Objekten zu experimentieren, um unterschiedliche Ergebnisse zu erzielen. Im Gegensatz zu Lasuren auf Lackbasis, die relativ rasch trocknen, kann man mit Öllasurfarbe aufwendigere Effekte erreichen, da ihre Trocknungszeit länger ist.

Wellige Effekte

Wellige Effekte setzt man in der modernen Dekoration für Möbel und Flächen ein. Obwohl die Öltechnik zu den ältesten Malverfahren gehört, kann man mit ein wenig Phantasie durchaus sehr aktuelle Ergebnisse erzielen.

1

1- Mischen Sie Lasurfarbe aus 1 Teil Leinöl, 2 Teilen Balsamterpentin, einigen Tropfen Sikkativ und Ölfarbe in Orange. Verstreichen Sie die erhaltene Farbe auf der zuvor mit Alkydharzfarbe in mattem Weiß grundierten Fläche.

2

2- Ziehen Sie mit einem absolut trockenen Vertreiber zarte Wellen in die Farbe, indem Sie unter leichtem Druck über die Fläche streichen. Wenn Sie möchten, können Sie jeweils einen Streifen dazwischen glatt lassen. Für diese Arbeit kann man auch leicht abgenutzte oder harte Pinsel verwenden, damit die Spuren markanter werden.

3

3- Das fertige Ergebnis.

Karowirkung

Mit diesen Karrees entsteht eine beinahe dreidimensionale Tiefenwirkung. Verwendet man Farben in Ocker oder Braun, kann man ein Ergebnis erreichen, das dem Flechtwerk von Stühlen oder Körben ähnelt.

1

1- Streichen Sie Öllasurfarbe in Ultramarinblau auf die zuvor mit rohweißer seidenglänzender Alkydharzfarbe grundierte Fläche. Gleichen Sie die Lasurfarbe anschließend mit einem Vertreiber aus, und lassen Sie die Arbeit zwei Minuten ruhen.

2

2- Legen Sie mit einem trockenen Vertreiber oder einem alten breiten Flachpinsel kleine Karrees an, indem Sie die Strichrichtung abwechselnd horizontal und vertikal halten. Da sich die Farbe seitlich ansammelt, entsteht der Eindruck von Schatten und damit von Relief.

3

3- Das fertige Ergebnis.

Effekte mit Zeitungspapier

Altes Zeitungspapier ist ein sehr gutes Material für dekorative Effekte, da es meistens griffbereit ist. Auch mit anderen Papiersorten wie Seidenpapier oder Packpapier lassen sich leicht veränderte Endergebnisse erzielen.

1

1- Überziehen Sie eine zuvor mit weißer seidenglänzender Alkydharzfarbe grundierte Fläche mit Öllasurfarbe in Karminlack.

2

2- Verstreichen Sie die Lasurfarbe mit dem trockenen Vertreiber in alle Richtungen, und lassen Sie die Arbeit zwei Minuten antrocknen.

3

3- Drücken Sie mit zerknülltem Zeitungspapier unregelmäßig auf die gesamte Fläche, so daß sich die Knitterfalten abzeichnen und die Farbe des Untergrunds stellenweise wieder auftaucht.

4

4- Verwischen Sie die Fläche mit dem Dachsvertreiber, um mehr Transparenz und ein markanteres Erscheinungsbild zu erhalten, das sich gut in den Untergrund integriert.

5

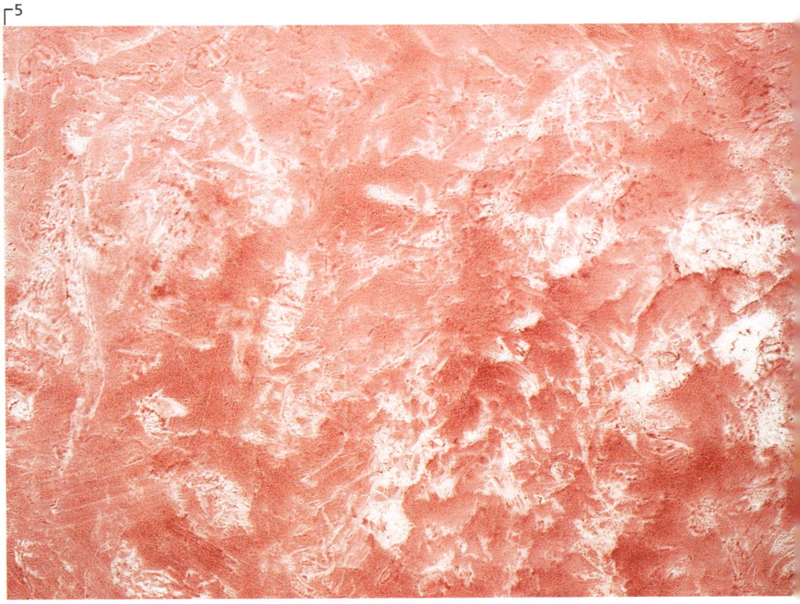

5- Ansicht der fertigen Arbeit. Mit ein wenig Phantasie und einer guten Farbenkombination kann man unzählige Effekte und äußerst kreative, dekorative Endergebnisse erreichen.

Lasuren mit Lack

Die Trocknungszeit für Öllasuren ist traditionell lang. Um sie zu beschleunigen, kann man Lack in bestimmten Proportionen zur Mischung fügen.
Mit diesen Lasuren und einer guten Farbenkombination lassen sich Transparenzwirkungen und unzählige Dekorationen mit einem heiteren, auffälligen Erscheinungsbild anlegen, die sich für zahlreiche Flächen wie Wände, Möbel und Gegenstände eignen.
Im folgenden zeigen wir Ihnen einige einfache Beispiele für unterschiedliche Verwendungen. Daraus resultieren noch wesentlich mehr Möglichkeiten, wenn Sie Ihre Phantasie spielen lassen.

1- Fertigen Sie eine hellgrüne Lasurfarbe aus 1 Teil matter synthetischer Lack, 1/2 Teil Leinöl und 1/2 Teil Balsamterpentin an. Fügen Sie Ölfarbe hinzu, bis Sie eine transparente Lasurfarbe mit der Konsistenz von Ölfarbe erhalten haben.
Arbeiten Sie auf einer Fläche, die zuvor mit seidenglänzender Alkydharzfarbe grundiert wurde, in diesem Fall in Weiß.
Streichen Sie die Farbe mit dem Flachpinsel in alle Richtungen. Verzieren Sie ein Möbelstück, bearbeiten Sie eine Seite nach der anderen, damit die Flächen nicht zu früh trocknen und Ihnen Zeit zum Anlegen der Effekte bleibt.

2- Um die Öllasur gleichförmiger zu gestalten, bearbeiten Sie diese mit einem Vertreiber. Dabei verhindern Sie gleichzeitig eine Tropfenbildung.

3- Wünschen Sie eine zartere Grundlage, verwischen Sie die Fläche mit einem Dachsvertreiber, um alle Pinselspuren zu beseitigen. Arbeiten Sie rasch, bevor die Lasurfarbe zu trocknen beginnt.

4- In unserem Fall arbeiten wir mit einem geäderten Gummistempel, der in unterschiedlicher Form und Größe im Fachhandel erhältlich ist. Wir legen ihn seitlich auf, so daß er quasi einen Kamm bildet, und ziehen ihn im Zickzack von oben nach unten über die Fläche. Durch den Druck wird die Lasurfarbe streifig, und der Untergrund tritt wieder hervor. Es entsteht quasi eine dreidimensionale Zeichnung. Man kann auch einen Kamm mit unterschiedlich breiten Zähnen aus Pappe schneiden, um eine ganz andere Wirkungen zu erhalten.

5- Ansicht der fertigen Arbeit. Diese Endverarbeitung mit dem Schlangeneffekt eignet sich für zahlreiche Flächen, angefangen von Truhen bis zu Wandverkleidungen. Das Ergebnis ist sehr dekorativ. Man sollte die Wirkungen zunächst auf einem Holzbrett ausprobieren und feststellen, welche Zeichnung einem am besten gefällt. Falls die Lasurfarbe trocknet und Sie nicht weiterarbeiten können oder falls Sie einen Fehler begangen haben, können Sie die Fläche mit einem in Terpentin getauchten Lappen bearbeiten, bis die Farbe wieder gleichförmig ist, und noch einmal von vorn beginnen.

1- Stellen Sie eine Lasurfarbe aus Lack in Magenta her, und tragen Sie diese auf die zuvor mit weißer seidenglänzender Alkydharzfarbe grundierte Fläche.

2- Streichen Sie die Lasurfarbe mit dem Vertreiber aus, um eine gleichförmigere Fläche zu erhalten.

3- Verwischen Sie die Lasurfarbe mit dem Dachsvertreiber, um größere Tiefenwirkung zu erreichen. Arbeiten Sie mit senkrechten, achtförmigen Bewegungen. Drücken Sie den Dachsvertreiber behutsam senkrecht auf die Fläche. Eine andere schlichte, aber nicht weniger dekorative Wirkung entsteht, wenn Sie den Dachsvertreiber in alle Richtungen führen. Dann ist das Ergebnis ist stark verschwommen.

4- Ziehen Sie den Gummikamm unter Druck von oben nach unten über die Fläche, damit Streifen entstehen. Die Streifen müssen nicht absolut gerade sein. Der Eindruck einer Freihandarbeit kann durchaus seine Reize haben.

5- Bevor die Lasur getrocknet ist, ziehen Sie den Gummikamm waagerecht über die Fläche, um kleine Karos zu erhalten. Sie können auch unterschiedliche Farben verwenden, wenn Sie ein anderes Ergebnis in derselben Form wünschen.

6- Ansicht der fertigen Arbeit. Mit dieser Technik kann man sowohl Objekte als auch Kinder- und Jugendmöbel dekorieren und ihnen einen ganz besonderen Anstrich verleihen.

Mit Lack lasiertes Holz

Mit dem gemaserten Gummistempel kann man auch Holz imitieren. Verwendet man jene Brauntöne, die für Holz kennzeichnend sind, ist das Ergebnis ziemlich realistisch.

Für die Imitation von Astlöchern gibt es Gummistempel unterschiedlicher Größe. In diesem Fall wurde ein mittlerer verwendet. Zum Abdecken größerer Fläche sind sie auch in anderen Maßen erhältlich.

1

1- Streichen Sie Öllasurfarbe in Umbra gebrannt auf die zuvor mit gelber seidenglänzender Alkydharzfarbe grundierte Fläche.

2

2- Verstreichen Sie die Lasurfarbe gut mit dem Vertreiber in eine Richtung über die ganze Fläche. Damit bestimmten Sie den Verlauf der Maserung.

3

3- Nehmen Sie den Stempel zwischen die Finger, und streichen Sie unter leichtem Drehen von oben nach unten, damit sich die Struktur abzeichnet. Je langsamer die Drehbewegung ist, desto größer wird der Astknoten. Der Zylinder muß ständig Kontakt mit der Farbe haben und gedreht werden, damit sich das Muster während des Gleitens komplett abzeichnet. Üben Sie diese Bewegung auf einer Probefläche, bis Sie die gewünschte Wirkung erreichen. Reinigen Sie den Stempel zwischendurch mit einem Lappen, um die Lasurfarbe aus den Rillen zu entfernen. Die Bewegungen müssen sanft sein, da brüske Schwünge unschöne Spuren hinterlassen würden.

4

4- Hat sich zuviel Lasurfarbe beim Aufdrücken des Stempels angesammelt, bearbeiten Sie den Astknoten von außen nach innen mit dem Vertreiber, damit das Ergebnis realistischer wird.

5

5- Ansicht der fertigen Arbeit. Sie können auch mit auffälligeren Farben wie Blau, Rot oder Grün arbeiten. Dann entsteht die Wirkung von getöntem Holz. Für diese Arbeit wurde ein Gummistempel benutzt. Sie können auch anderes Material wie Lappen, Korken und praktisch jeden Gegenstand verwenden, der seine Struktur beim Drücken auf die Fläche hinterläßt. Das Arbeitszimmer muß unbedingt frei von Staub sein, da dieser an der Oberfläche haften bleiben würde. Es empfiehlt sich, den Raum vor Beginn der Arbeit zu saugen und gut auszuwischen. So erhalten Sie ein makelloses Ergebnis.

Geschlagene Farbfläche

Ölfarben bieten unzählige Möglichkeiten. Das Maserieren gehört zu jenen Techniken, mit denen man Holz unmittelbar imitiert. Man verwendet die Technik für Türen, Fenster und auch für Möbel und Objekte. Durch Variieren der gewählten Farben erzielt man äußerst phantasievolle Ergebnisse.

1

2

3

4

1- Mischen Sie transparente Lasurfarbe aus 1 Teil Leinöl, 2 Teilen Balsamterpentin und einigen Tropfen Universalsikkativ.
Streichen Sie die Lasur auf die zu dekorierende Fläche, die Sie zuvor mit zwei Schichten seidenglänzende rohweiße Alkydharzfarbe grundiert haben.

2- Verstreichen Sie die Lasur gleichmäßig mit dem Vertreiber über die ganze Fläche. Die korrekte Ausführung dieses Schritts ist wichtig, weil das gleichförmige Endergebnis davon abhängt.

3- Nehmen Sie etwas Lasurfarbe und Ölfarbe in Siena gebrannt mit einem kleinen Flachpinsel auf, und tragen Sie die Mischung ungleichmäßig auf die zu dekorierende Fläche. Fügen Sie anschließend Umbra gebrannt und Englischrot hinzu, bis die gesamte Fläche abgedeckt ist. Alle Farben werden senkrecht angelegt und folgen derselben Richtung.

4- Verwischen Sie die Farben mit einem Vertreiber, um sie besser zu verteilen. Sind kleine Stellen unbemalt geblieben, ziehen Sie Farbe mit dem Vertreiber darüber.

5

5- Bearbeiten Sie die Fläche anschließend in aufsteigender Richtung mit dem Haarkörper eines Schlägers.
Der Schläger wird während dieses Verfahrens flach auf die Fläche gelegt.

6

6- Die fertige Arbeit.

Beispiel mit Umbra natur, Ultramarinblau und Weiß auf weißem Grund.

Beispiel mit Hellgrün, Englischgrün und Weiß auf weißem Grund.

Färben von Holz mit Ölfarbe

Ebenso wie mit der einfachen Färbetechnik auf Wasserbasis kann man mit Ölfarben eine Vielfalt interessanter Endverarbeitungen schaffen. Man kann die Farben miteinander mischen und sie wegen ihres langsamen Trocknungsprozesses länger bearbeiten.
Die Möglichkeiten reichen von einer einzigen Farbe bis zu jeder Menge, die einem die Vorstellungskraft eingibt, so daß sich unendlich viele Töne und Abstufungen anbringen lassen.

1

1- Mischen Sie 1 Teil Leinöl mit 2 Teilen Balsamterpentin, und fügen Sie einige Tropfen Universalsikkativ hinzu. Tauchen Sie einen kleinen Flachpinsel in die Mischung, und nehmen Sie gelbe Farbe auf. Verstreichen Sie die Farbe ungleichmäßig, und lassen Sie einige Stellen frei.

2

2- Tragen Sie auf dieselbe Weise Orange auf, und decken Sie weitere Stellen des unbehandelten Holzes ab.

3

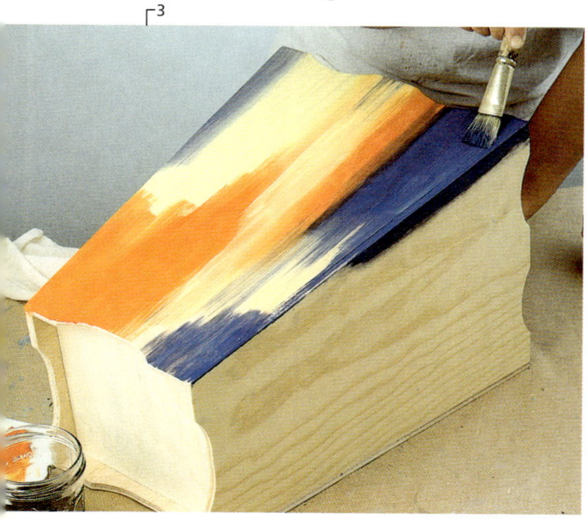

3- Decken Sie nun mit Ultramarinblau die restlichen freien Flächen ab. Möchten Sie weitere Farben hinzufügen, lassen Sie noch einige Stellen frei, damit Sie lauter helle Nuancen mit unterschiedlicher Färbung erhalten. Bei Möbeln schließen Sie jede Seite einzeln ab und befassen sich erst anschließend mit der nächsten. Die Farben mischen sich vor dem Trocknen.

4

4- Ziehen Sie mit dem Vertreiber in Maserrichtung über die Fläche, um die Farben zu vereinen. Sorgen Sie dafür, daß keine Streifen zwischen den Farben entstehen, weil das nicht sehr dekorativ wäre.

5

5- Verwischen Sie die Farben abschließend mit Saugpapier in Maserrichtung, und entfernen Sie den Farbüberschuß. Nach dem Trocknen schützen Sie die Arbeit mit zwei Schichten aus seidenglänzendem Synthetikfirnis. Handelt es sich um ein häufig benutztes Möbelstück, wählen Sie lieber Polyurethanfirnis.

6

6- Die fertige Arbeit.

Beispiel mit Magenta, Ultramarinblau und Smaragdgrün.

Tuchrolle (Wickeln)

Durch Abheben eines Teils der Farbe mit einem gerollten Baumwolltuch erhält man rasch und einfach eine Wirkung, die dem fertigen Werk ein Gefühl von Tiefe verleiht. Man kann eine oder mehrere Farben dafür verwenden. Die Methode eignet sich ausgezeichnet für große Flächen, auch wenn diese uneben sind.

1- Herstellung der Lasur: 1 Teil Leinöl, 2 Teile Balsamterpentin, einige Tropfen Universalsikkativ, 1/2 Tube Ölfarbe in der gewünschten Nuance. Fügen Sie die Farbe hinzu, bis der richtige Ton erreicht ist. Grundieren Sie die Fläche mit seidenglänzender Alkydharzfarbe in Rohweiß. Tragen Sie die orangenfarbene Lasur in alle Richtungen auf diese Grundlage. Möchten Sie mit mehr als einer Farbe arbeiten, sollten Sie abschnittweise vorgehen.

3- Mildern Sie die Abdrücke und die Spuren des Vertreibers mit dem Dachsvertreiber. Führen Sie den Haarkörper senkrecht in Form einer Acht über die Fläche.

4- Fertigen Sie aus einem Baumwolltuch eine Rolle an, und sorgen Sie für Falten. Je stärker das Tuch gerollt ist, desto markanter wird die Wirkung. Fahren Sie unter leichtem Druck in alle Richtungen über die vorbereitete Fläche. Überziehen Sie die Arbeit nach dem Trocknen mit mattem oder seidenglänzendem Firnis.

5- Die fertige Arbeit.

1

2

2- Ziehen Sie die Lasur gleichmäßig mit dem Vertreiber aus. Arbeiten Sie bedächtig, damit die Farbe gut über die gesamte Oberfläche verteilt wird. Verwenden Sie mehr als eine Farbe, werden die Ansatzstellen durch den Vertreiber verschmolzen.

3

4

5

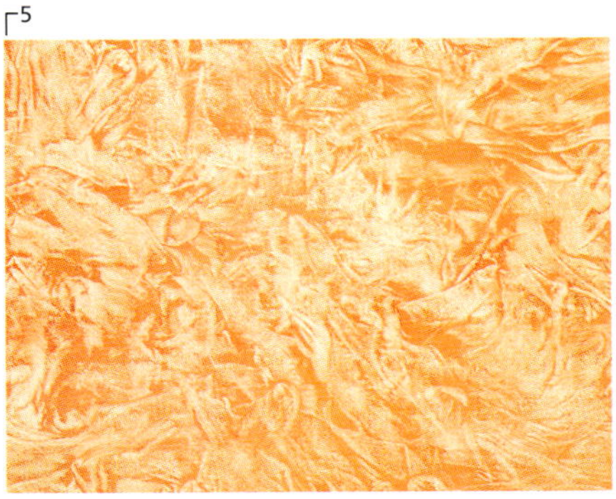

Beispiel mit einem Fond in Weiß und Ultramarinblau.

Beispiel mit einem Fond aus Lichter Ocker und Siena natur.

Schildpatt

Seit Jahrhunderten werden sowohl die Zeichnung als auch die Form des Schildkrötenpanzers in der dekorativen Malerei imitiert.

Man trägt eine Reihe von Pinselstrichen auf den zuvor unterschiedlich grundierten Fond und erhält ein sehr dekoratives Ergebnis, das auf kleinen flachen Flächen ziemlich realistisch wirkt. Auf größeren Flächen, zum Beispiel einem Tisch oder einem Lampenschirm, entsteht ein sehr eleganter Effekt von großer visueller Kraft.

1- Überziehen Sie die gesamte zuvor mit versiegelnder Grundierung vorbereitete Fläche mit goldener Acrylfarbe, und lassen Sie diese trocknen. Ist die Fläche mit einer einzigen Schicht nicht vollständig abgedeckt worden, tragen Sie eine zweite darauf, um eine homogene Oberfläche zu erhalten. Für diesen Schritt benötigen Sie einen Schweinsborstenpinsel. Früher verwendeten die Handwerker Feingold als Grundlage für Schildpattimitationen. Heutzutage benutzt man Goldfarben in gelblichen oder rötlichen Nuancen, je nach gewünschtem Ergebnis.

1

2

2- Malen Sie mit einem flachen Künstlerpinsel und etwas verdünntem Umbra natur kleine unregelmäßige Flecken diagonal auf die Fläche, und lassen Sie die Arbeit trocknen.

3

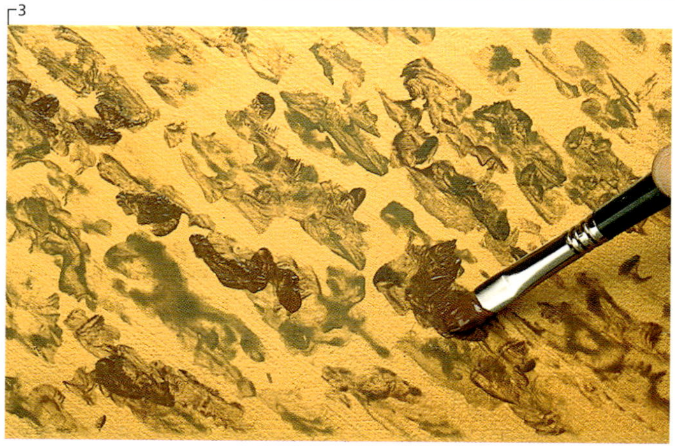

3- Wiederholen Sie das Verfahren mit Siena gebrannt. Tragen Sie auch Farbe auf die ersten Flecken in Umbra. Lassen Sie die Arbeit trocknen. Damit die Wirkung realistisch wird, müssen die Flecken ungleichmäßig sein und einige Stellen unbemalt bleiben.

4

4- Um anschließend mit Ölfarben arbeiten zu können, überziehen Sie die ganze Fläche mit glänzendem synthetischem Firnis (Schweinsborstenpinsel). Dadurch werden die Acrylfarben geschützt. Trocknungszeit 24 Stunden.

5

5- Mischen Sie anschließend Lasurfarbe aus 1 Teil Leinöl und 2 Teilen Balsamterpentin, und fügen Sie Ölfarbe in Umbra gebrannt hinzu. Tragen Sie die Lasurfarbe mit dem Schweinsborstenpinsel auf die gesamte Fläche.

6

7

6- Ziehen Sie die Lasurfarbe mit dem Vertreiber über die ganze Fläche, damit sie gleichförmig wird.

7- Wischen Sie mit dem Baumwolltuch die Farbe an einigen Stellen wieder ab, so daß der goldene Untergrund auftaucht. Aufgrund der Transparenz erhalten Sie einen Eindruck von Tiefe. Das Wischen erfolgt ungleichmäßig, wobei auch einige Flecken hervorgeholt werden.

8

8- Bevor die Lasurfarbe getrocknet ist, malen Sie erneut ungleichmäßige Farbflecken aus der Mischung von Umbra gebrannt und Schwarz diagonal über die Fläche, damit unterschiedliche Nuancen entstehen. Nehmen Sie die Farben direkt aus der Tube, und mischen Sie sie mit dem flachen Künstlerpinsel mit der Lasur, damit sie auf der Oberfläche verschmelzen.

9

9- Wischen Sie mit dem Dachsvertreiber in Richtung der Flecken, um die Fläche restlos zu vereinen und die unterschiedlichen Farbwechsel aufgrund der Flecken zu dämpfen. Trocknen lassen.

10

10- Die Trocknungszeit von Ölfarben ist schwer zu berechnen, weil sie von der Temperatur und der Luftfeuchtigkeit der Umgebung abhängt. Sie kann zwischen zwei Tagen und mehreren Wochen betragen. Nachdem die Arbeit restlos getrocknet ist, überziehen Sie sie mit glänzendem synthetischen Firnis.
Die Imitation von Schildpatt glänzt sehr stark. Deshalb empfiehlt es sich, mehrere Firnisschichten aufzutragen, um das Ergebnis zu mildern. Wir raten zu mindestens 5 Schichten glänzenden Firnis, wobei jede Schicht vollständig getrocknet sein muß.

11

11- Um eine zarte, elegante Wirkung zu erhalten, sollte man die einzelnen Firnisschichten jeweils mit feinkörnigem Naßschleifpapier leicht anrauhen.

12

12- Die fertige Arbeit.

Himmel

Himmel wurden stets als sehr dekorativ empfunden und häufig in der Malerei eingesetzt. Wegen des Eindrucks von Tiefe, der durch sie entsteht, legt man sie gern an Decken und Wände. In der Vergangenheit verwendete man zahlreiche Techniken für die Darstellung von Himmeln. Das Beispiel, das wir nachstehend beschreiben, ist einfach und dennoch spektakulär in der Wirkung.

1

2

1- Stellen Sie eine Lasurfarbe aus hellem Ultramarinblau mit 1 Teil Leinöl und 2 Teilen Balsamterpentin her. Tragen Sie die Lasurfarbe auf die zuvor mit seidenglänzender Alkydharzfarbe grundierte Fläche. Arbeiten Sie in Abschnitten von etwa 1 qm. Die Öllasur braucht einige Stunden zum Trocknen. Trotzdem sollte man vorher üben, bevor man sich an große Flächen wagt. Benötigt man zuviel Zeit zum Anlegen der Effekte, können Ansätze oder Fugen sichtbar werden. Ideal ist es, wenn man die gesamte Fläche in einem Zug dekoriert.

2- Verstreichen Sie die Farbe mit dem Vertreiber so gleichförmig wie möglich über die ganze Fläche. Auf diese Weise verhindern Sie, daß die Lasur an den Wänden verläuft.
Wollen Sie sehr große Flächen abdecken, empfiehlt es sich, zu zweit zu arbeiten: Einer trägt die Farbe auf, und der andere verstreicht sie.

3- Um eventuelle Streifen zu verwischen, die beim Ausziehen der Farbe mit dem Vertreiber zurückgeblieben sein können, bearbeiten Sie die ganze Fläche mit dem Dachsvertreiber. Dadurch verbindet sich die Lasur gut mit dem Fond. Gleiten Sie mit achtförmigen Bewegungen äußerst zart senkrecht über die Fläche.

3

4

4- Klopfen Sie mit der Stupfbürste behutsam auf die gesamte Fläche. So entsteht eine zarte punktierte Wirkung, die die Farbe gleichförmiger erscheinen läßt. Man setzt die Stupfbürste immer dann ein, wenn eine Fläche gleichförmig erscheinen und trotzdem Tiefe aufweisen soll.
Der Effekt eignet sich besonders als Grundlage für den Himmel.
Manchmal möchte man nicht die gesamte Fläche gleichförmig halten, sondern nur einige Absschnitte.

5

6

5- Heben Sie mit einem Baumwolltuch einen Teil der Lasurfarbe mit kreisförmigen Bewegungen ab, und malen Sie die Wolken. Fertigen Sie unbedingt vorher eine Skizze von der Lage der Wolken an, um nicht improvisieren zu müssen. Es ist besser, wenn man ungefähr weiß, wo die Wolken liegen werden. Ist Ihnen nicht ganz klar, wie Wolken aussehen, halten Sie sich an Fotos aus Zeitschriften oder Reiseprospekten oder, besser noch, fotografieren Sie Himmel mit unterschiedlichen Wolkenformationen. Es ist eine große Hilfe, Modelle als Anhaltspunkt zu haben.

6- Um die Spuren des Lappens zu mildern, verwischen Sie die Wolken mit dem Dachsvertreiber, so daß sie sich gut in den Himmel integrieren. Halten Sie sich bei der Anlage der beleuchteten Stellen unbedingt an echte Wolken, damit ein Gefühl von Volumen entsteht.

7- Sind einige Stellen zu hell geworden, können Sie sie mit einer Egalisierbürste (oder Stupfbürste) retuschieren. Befindet sich die Dekoration an einer senkrechten Wand, entsteht optisch eine größere Tiefe, wenn das Blau im oberen Abschnitt kräftiger ist und etwa ab der Horizontallinie schwächer wird.

7

8

8- Der fertige Himmel.
Wer bereits über einige Praxis verfügt oder mutiger ist, kann Farbvariationen einführen und rötliche, goldene oder irreale Himmel oder Sonnenuntergänge malen. Dazu braucht man nur weitere Farben zum Fond zu fügen und sie mit der Egalisierbürste und dem Dachsvertreiber in den Untergrund zu integrieren.

Rustikales Holz

Zu allen Zeiten haben Maler und Dekorateure unterschiedliche Hölzer imitiert. Schon im 14. Jahrhundert findet man qualitativ schlechte Imitationen auf Türen und Fenstern aus Holz. Manchmal handelt es sich nicht um die Imitation einer bestimmten Holzart. Trotzdem sorgen die Maserung und die Knoten in realistischen Farben für eine ausgesprochen dekorative Wirkung.

Bei dieser Übung geht es um dunkleres Holz und nicht um eine konkrete Sorte. Die Ausführung ist einfach und sorgt für ein schönes Ambiente in rustikaler Umgebung. Die Methode eignet sich hervorragend zum Dekorieren von Balken, Türen und Möbeln.

1

1- Stellen Sie eine Lasurfarbe aus 1 Teil Leinöl und 2 Teilen Balsamterpentin sowie einigen Tropfen Sikkativ her, und geben Sie Umbra gebrannt hinzu, bis der gewünschte Ton erreicht ist. Tragen Sie die Lasurfarbe auf die zuvor mit seidenglänzender Alkydharzfarbe in Lichter Ocker grundierte Fläche. Verwenden Sie dafür einen Flächenstreicher.

2

2- Verstreichen Sie die Lasurfarbe behutsam mit dem Vertreiber, um eine gleichförmige Fläche zu erhalten. Lassen Sie die Lasur einige Minuten trocknen. Um festzustellen, ob der optimale Zeitpunkt erreicht ist, ziehen Sie einen Strich in die Fläche, der nicht zusammenlaufen darf. Falls doch, warten Sie einige weitere Minuten.

3

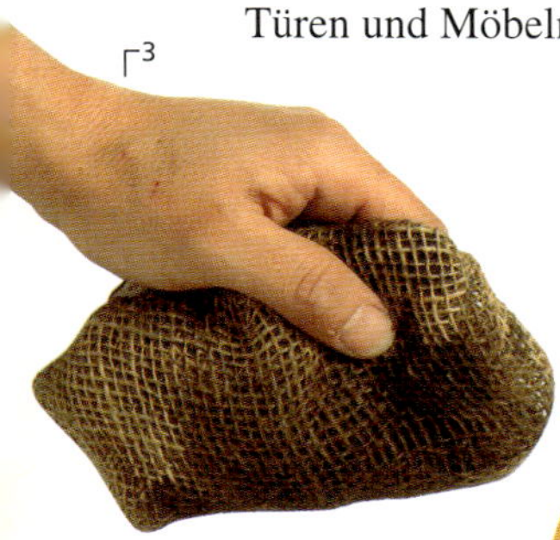

3- Legen Sie ein Rupfentuch so zusammen, daß eine gerade Fläche entsteht.

4

4- Streichen Sie mit dem zusammengelegten Rupfentuch langsam in eine Richtung über die Fläche. Heben Sie einen Teil der Lasurfarbe wieder ab, und legen Sie feine unregelmäßige Linien an, so daß die Farbe des Fonds wieder hervortritt.

5

5- Nachdem die gesamte Fläche streifig ist, gleiten Sie mit dem Vertreiber in Richtung der Linien darüber und fügen einige Schläge ein, an denen sich die Farbe teilt, damit die Linien Bewegung erhalten und nicht zu gerade ausfallen. Lassen Sie die Arbeit 24 Stunden trocknen.

6

6- Tragen Sie eine weitere Schicht Lasurfarbe auf die Fläche, um den Ton zu verstärken und einen Eindruck von Tiefe zu erzeugen. Dieser Schritt kann auch mit einer anderen Lasurfarbe erfolgen, falls man die erste korrigieren möchte. Allerdings muß die Farbe dunkel sein, da hellere Farben auf dunklem Grund nicht zu erkennen sind.

7

7- Ziehen Sie die gesamte Lasurschicht mit dem Vertreiber solange aus, bis die Arbeit absolut gleichförmig ist.

8

9

10

8- Zeichnen Sie mit einem dünnen Pinsel und Umbra gebrannt kleine Flecken in die gesamte Fläche, als handelte es sich um Knoten unterschiedlicher Größe. Übertreiben Sie die Menge nicht, weil das kaum dekorativ wäre.

9- Verwischen Sie die Knoten zu beiden Seiten vorsichtig mit einem Baumwolltuch, damit der Untergrund wieder hervortritt. Diese hellen Stellen sorgen für größeren Realismus.

10- Um weitere beleuchtete Stellen darzustellen, zeichnen Sie mit einem Lappen senkrechte Streifen. Auf diese Weise wird die Wirkung weniger flach.

11

11- Verstreichen Sie die Lasurfarbe behutsam mit dem Vertreiber, so daß sie sich an den beleuchteten Seiten der Knoten ansammelt, ohne diese zu verdecken. Es entsteht ein zarter senkrechter Schatten, der die Wirkung der Knoten verstärkt.

12

13

14

12- Eventuelle Spuren oder größere Ansammlungen von Lasurfarbe dämpfen Sie mit dem Vertreiber, um die Effekte besser in den Fond zu integrieren.

13- Gleiten Sie erneut mit sanften Schlägen des Vertreibers über die Fläche, um für den Eindruck von Wimmerungen im Holz zu sorgen. Dadurch entsteht etwas Bewegung.

14- Die fertige Arbeit. Mit einem Fond in anderen Farben entstehen davon abweichende Effekte.

Verwischungen

Dies ist eine weitere Methode, Lasuren oder Transparenzen anzulegen und eine einfach auszuführende, subtile Bearbeitung von Flächen zu erhalten.

Man kann eine einzige Farbe verwenden oder mehrere Farbtöne miteinander kombinieren. Durch Verschmelzen der Nuancen erhält die dekorierte Fläche einen Eindruck von Tiefe. Schmückt man Decken mit dunklen Farben, wirken die Räume niedriger. Verwischt man dunkle Farben nahe dem Boden und stuft sie nach oben zu helleren Tönen ab, entsteht der Eindruck von Höhe.

Die Arbeit kann auch auf unebenen Flächen ausgeführt werden, wenn diese gut vorbereitet sind.

1

1- Tragen Sie eine Öllasur in alle Richtungen auf die mit weißer seidenglänzender Alkydharzfarbe grundierte Fläche. Die Mischung besteht aus 1 Teil Leinöl und 2 Teilen Balsamterpentin sowie einigen Tropfen Universalsikkativ.

2

2- Verstreichen Sie die Lasurfarbe mit dem Vertreiber über die ganze Fläche, um zu verhindern, daß einige Stellen unbemalt bleiben oder sich Tropfen bilden.

3

3- Nehmen Sie anschließend mit dem Flachpinsel etwas Lasurfarbe und Lichter Ocker auf. Ziehen Sie die Farbe in alle Richtungen; lassen Sie aber einige Stellen unbemalt. Wir empfehlen, eine kleine Skizze mit der Verteilung der Farben auf der Fläche anzufertigen, um eine Vorstellung davon zu bekommen, wohin die einzelnen Nuancen oder Töne gelangen sollen.

4

4- Legen Sie mittelgrüne Flecken an die bisher unbemalten Stellen. Falls Sie mit mehr als zwei Farben arbeiten, müssen die einzelnen Nuancen ineinander geschachtelt werden.

5

5- Überlagern Sie die Farben mit dem Flachpinsel. Ziehen Sie sie in alle Richtungen aus, damit sich die Nuancen integrieren und die bisher unbemalten Stellen abgedeckt werden.

6

6- Verwischen Sie die Farben mit kurzen, sich kreuzenden Strichen des Vertreibers in alle Richtungen. Verschmelzen Sie sie mehr oder weniger stark, bis praktisch keine Grenzen zwischen ihnen zu erkennen sind.

Falls Sie kräftigere Farben wünschen, lassen Sie die Schicht bis zu zwei Tagen trocknen, und tragen eine weitere Schicht auf die entsprechenden Stellen. Für eine bessere Haltbarkeit überziehen Sie die Fläche nach dem Trocknen mit mattem oder seidenglänzendem Synthetikfirnis.

7

7- Die fertige Arbeit.

Beispiel mit Siena gebrannt und Ultramarinblau auf weißem Fond.

Beispiel mit Englischrot auf einem Fond in Lichter Ocker.

Imitation von Stoff

Im Prinzip handelt es sich um eine Streifen- oder Besentechnik. Mit Hilfe einer transparenten Farblasur entsteht ein Dekor aus feinen waagerechten und senkrechten Linien. Mit dieser Technik und der Überlagerung von Farben kann man die Webart von Stoffen imitieren und sehr dekorative Wirkungen erzielen.

1

1- Tragen Sie mittelgrüne Öllasurfarbe auf die zuvor mit seidenglänzender Alkydharzfarbe grundierte Fläche, die Sie aus 1 Teil Leinöl, 2 Teilen Balsamterpentin und einigen Tropfen Universalsikkativ plus Farbe gemischt haben.

2

2- Verstreichen Sie die Lasurfarbe mit dem Vertreiber in alle Richtungen, um die Fläche gleichförmig zu gestalten.

3

3- Fahren Sie mit einem Flachpinsel mit langem Haarkörper von oben nach unten über die Fläche, um feine Linien zu erhalten und die Untergrundfarbe etwas wieder hervorzuholen. Reinigen Sie den Pinsel am Ende jedes Streifens, damit sich keine Farbe ansammelt und das Muster einwandfrei bleibt. Lassen Sie die Arbeit gut trocknen.

4

4- Tragen Sie mit einem mittleren Flachpinsel Ultramarinblau auf die gesamte Fläche.

5

5- Gleichen Sie die Lasur gut mit einem Vertreiber aus.

6

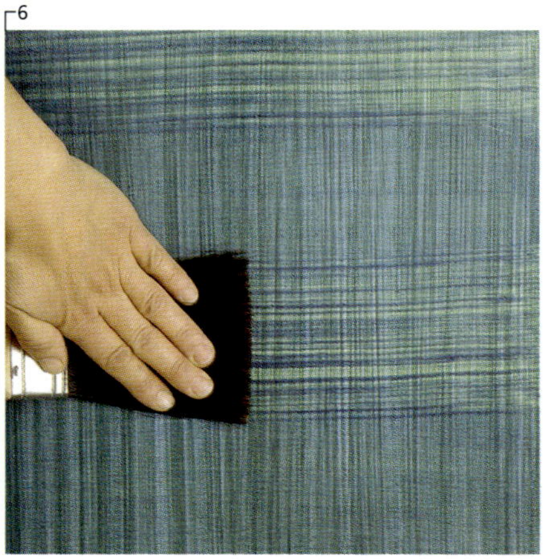

6- Nehmen Sie einen Flachpinsel mit langem Haarkörper und gleiten Sie unter leichtem Druck senkrecht zur vorigen Richtung über die Fläche. So entsteht ein größerer Kontrast. Das Ergebnis wird ungleichmäßiger, und jeder Streifen erhält andere Linien.

7

7- Die fertige Arbeit.

Diese Technik eignet sich sehr für Möbel mit flachen Flächen und für Wandverkleidungen. Wählt man ziemlich realistische Farben, wird die Stoffimitation ausgesprochen künstlerisch.

Weißer geäderter Marmor

Die Imitation von Marmor in der dekorativen Malerei versetzt uns in die Zeit der Römer mit ihren vielfältigen Stilen. Der weiße geäderte Marmor läßt sich relativ leicht mit Farbe auf unterschiedlichsten Flächen imitieren, angefangen von kleinen Objekten bis zu Wandsokkeln und Böden. Ist das Ergebnis gelungen, verleiht der Marmor den Räumen ein klassisches Ambiente von Eleganz und Nüchternheit.

1

1- Mischen Sie eine farblose Lasur aus 1 Teil Leinöl und 2 Teilen Balsamterpentin. Tragen Sie die Lasur auf die zuvor mit weißer seidenglänzender Alkydharzfarbe grundierte Fläche.

2

2- Verstreichen Sie die farblose Lasur gleichförmig mit dem Vertreiber.

3

3- Stellen Sie aus Weiß und etwas Schwarz einen Grauton her. Mischen Sie diesen mit etwas farbloser Lasurfarbe, und legen Sie zarte Flecken diagonal auf die Fläche, so daß eine neblige Wirkung entsteht. Unser Marmor zeichnet sich dadurch aus, daß seine Flecken und Adern immer in diagonaler Richtung verlaufen.

4

4- Verwischen Sie die Flecken behutsam mit dem Dachsvertreiber, um sie in den Fond zu integrieren. Führen Sie die Bewegungen in Form einer Acht aus, um die Flecken nicht zu verlagern.

5

5- Mischen Sie einen dunkleren Grauton mit etwas Ultramarinblau, und verstärken Sie einige zuvor angelegte Flecken.

6

6- Verwischen Sie die Flecken zart mit dem Dachsvertreiber, um sie zu integrieren und Tiefe zu erzeugen. Gehen Sie unbedingt behutsam vor, um die verschwommene Wirkung der Flecken nicht auszulöschen.

7

7- Zeichnen Sie mit dem dünnen Äderungspinsel zarte dunkelgraue Adern in diagonaler Richtung. Halten Sie die Adern etwas gebrochen, damit sie natürlicher wirken.

8

9

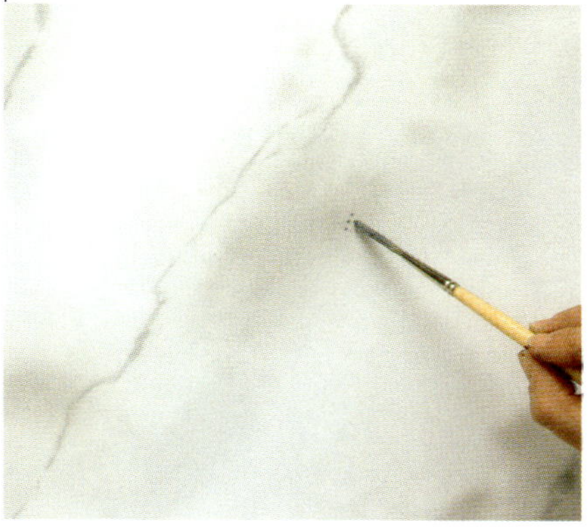

10

8- Schwächen Sie die Adern mit dem Dachsvertreiber. Führen Sie den Vertreiber immer in dieselbe Richtung, um die Töne des Untergrunds zu integrieren. Lassen Sie die Adern leicht brechen und keine durchgehenden Linien gleicher Breite und Stärke erkennen.

9- Zeichnen Sie mit demselben Dunkelgrau kleine Punkte, um die Fossilien zu imitieren, die dieser Marmor enthält. Legen Sie jeweils sieben oder zwölf Punkte zusammen, einige davon halbmondförmig.

10- Verwischen Sie auch die Punkte mit dem Dachsvertreiber, um sie besser zu integrieren. Die Bewegungen müssen in Form einer Acht erfolgen, damit die Zeichnung nicht verzerrt wird.

11

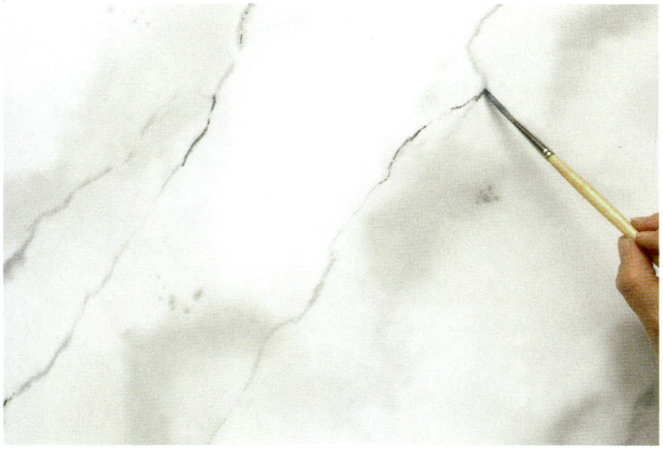

12

11- Nehmen Sie etwas Dunkelgrau mit dem dünnen Pinsel auf, und verstärken Sie einige Adern, um größere Tiefe und unterschiedliche Tonwerte zu erhalten.

12- Verwischen Sie zum Abschluß die zu stark ausgefallenen Striche, um ein harmonisches Gesamtbild zu bekommen.

13

13- Die fertige Arbeit. Durch Veränderung der Untergrundfarbe kann man die Wirkung variieren und zum Beispiel auf einem zartrosa oder bläulichen Fond arbeiten. Interessante Effekte entstehen auch, wenn man die Grautöne durch andere Farben ersetzt.

Malachit

Es gibt eine große Vielfalt an Halbedelsteinen, die für die Dekoration verwendet werden, und einer davon ist der Malachit. In vielen Fällen wäre es zu kostspielig, mit echten Material zu arbeiten. Deshalb greift man seit Jahrhunderten gern auf die Imitation zurück.
Um eine realistische Wirkung zu erzielen, sollte man in kleinen Abschnitten arbeiten. Muß man große Flächen dekorieren, ist es ratsam, sie in einzelne Abschnitte zu unterteilen, damit das Ergebnis sehr natürlich wird. Die Verwendungsmöglichkeiten reichen von hohen Säulen über kleine Gegenstände für den Tisch bis zur Imitation von Intarsien.

1

1- Stellen Sie eine transparente Lasurfarbe aus 1 Teil Leinöl, 2 Teilen Balsamterpentin und einigen Tropfen Universalsikkativ her. Tragen Sie die Lasurfarbe in alle Richtungen auf die zuvor mit seidenglänzender Alkydharzfarbe in blaustichigem Hellgrün grundierte Fläche. Arbeiten Sie mit einem kleinen Flachpinsel.

2

2- Verstreichen Sie die Farbe sorgfältig mit dem Vertreiber, damit die Lasur gleichmäßig transparent wird.

3

3- Tragen Sie Ölfarbe in Blasengrün auf den Großteil der Fläche. Lassen Sie jedoch kleine Stellen unbemalt. Diese werden anschließend mit Ultramarinblau und Umbra natur abgedeckt. Es entstehen ungleichmäßige Flecken mit kleinen hellen Aussparungen.

4- Schneiden Sie Wellpappe in unterschiedlicher Breite zu, und streichen Sie damit kreisförmig über die bemalte Fläche, um die Farben zu mischen. Führen Sie die Pappe ein wenig zittrig, damit die Zeichnung geschlängelt wird. Lassen Sie die Arbeit anschließend trocknen.

5- Mischen Sie Lasurfarbe aus Blasengrün und etwas Schwarz, und tragen Sie diese auf die gesamte trockene vorige Schicht.

4

5

6

6- Verstreichen Sie die Lasurfarbe gleichmäßig mit dem Vertreiber, um sie zu integrieren und größere Tiefe zu erhalten.

7

8

7- Heben Sie mit dem Baumwolltuch Farbe an einigen Stellen wieder ab, damit Licht durch die Fläche dringt und die Wirkung verstärkt.

8- Mildern Sie die Wirkung mit dem Dachsvertreiber, um die Lichteffekte in den Untergrund zu integrieren und die Spuren des Lappens zu entfernen.

9

9- Die fertige Arbeit. Die Anfertigung realistischer Imitationen wird erleichtert, wenn man zuvor einen Malachit aufmerksam studiert und die charakteristischen geschlängelten Formen des Minerals genau untersucht.

Phantasiemarmor

Die Imitation von Marmor zu Dekorationszwecken zieht sich durch alle Epochen. Es gibt zahlreiche Marmorarten, die als Modell dienen können.
Bei diesem Marmor haben wir unsere Vorstellungskraft spielen lassen, um eine sehr dekorative Wirkung zu erhalten. Dafür wurden unterschiedliche Effekte und Farben miteinander kombiniert.

1

1- Stellen Sie eine transparente Lasurfarbe aus 1 Teil Leinöl, 2 Teilen Balsamterpentin und einigen Tropfen Universalsikkativ her. Tragen Sie die Farbe in alle Richtungen auf die zuvor mit weißer seidenglänzender Alkydharzfarbe grundierte Fläche. Arbeiten Sie mit einem Flachpinsel.

2- Verstreichen Sie die Lasurfarbe mit dem Vertreiber, um eine gleichmäßig bedeckte Fläche zu erhalten.

3- Setzen Sie Ihre Ölfarben auf der Palette ab. Nehmen Sie mit dem in die Lasurfarbe getauchten Pinsel etwas Lichter Ocker auf, und malen Sie einige unregelmäßige Flecken.

4- Verstreichen Sie die gemalten Flecken mit dem Vertreiber, und verschmelzen Sie sie mit den Untergrund. Halten Sie die Farbe an einigen Stellen etwas kräftiger.

2

3

4

5- Tragen Sie mit dem mittleren Pinsel Englischrot an einige Stellen, und versuchen Sie, die beiden Farben zu verschmelzen.

5

6- Integrieren Sie die Farben erneut mit Hilfe des Vertreibers in den Fond.

7- Malen Sie mit dem Rundpinsel kleine Flecken in Umbra gebrannt an einige Stellen, und geben Sie ihnen unterschiedliche Tonwerte.

6

7

8

8- Integrieren Sie die letzte Farbe ebenfalls mit Hilfe des Vertreibers in den Fond.

9
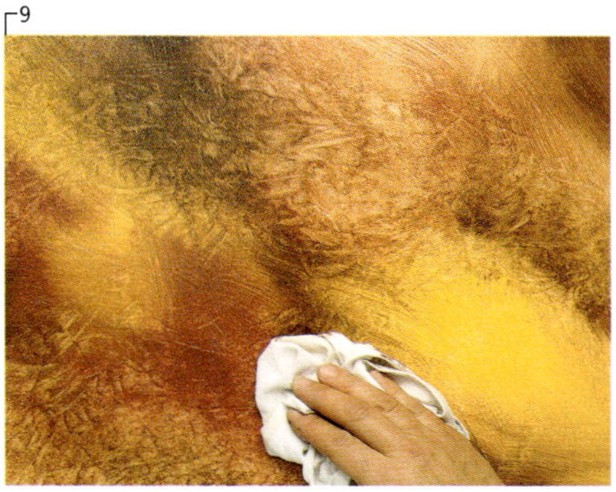

9- Reiben Sie vorsichtig mit einem Baumwolltuch über die Fläche, so daß an einigen Stellen leichte Spuren zurückbleiben.

10

10- Verwischen Sie die Farben mit achtförmigen Bewegungen des senkrecht gehaltenen Dachsvertreibers.

11
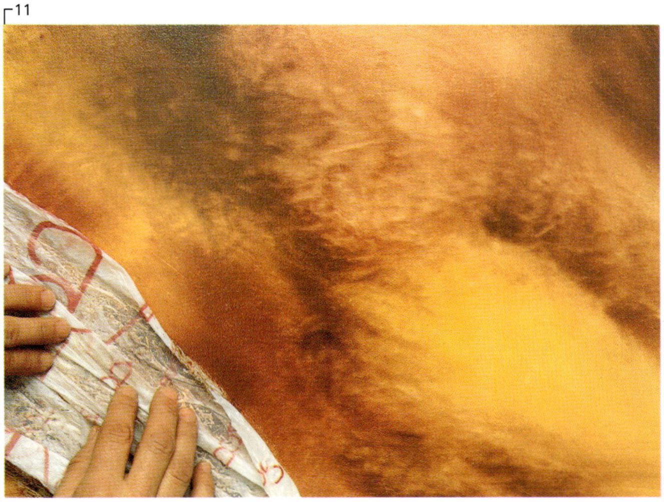

11- Zerreißen Sie eine Plastiktüte, und zerknüllen Sie sie so, daß diagonale Knicke entstehen. Drücken Sie das Material, das nicht zu fest sein darf, auf einige Stellen. Die Spuren fallen je nach Dicke der Folie sehr unterschiedlich aus.

12- Verwischen Sie insbesondere die stärkeren Spuren, aber auch die restliche Fläche behutsam mit dem Dachsvertreiber. Achten Sie jedoch darauf, daß die Effekte nicht gelöscht werden.

12

13

13- Tränken Sie einen Kunststoffschwamm mit Lasurfarbe, und drücken Sie ihn so auf einige Stellen, daß die Struktur sich abzeichnet und eine marmorierte Wirkung entsteht. Sie können auch Schwämme unterschiedlicher Größe und Struktur verwenden, einschließlich Naturschwämme. Die Abdrücke letzterer fallen anders aus, sind aber ebenfalls sehr dekorativ.

14- Mildern Sie die Spuren mit dem Dachsvertreiber. Gleichzeitig können Sie jene Effekte wieder löschen, die Ihnen nicht passend erscheinen.

14
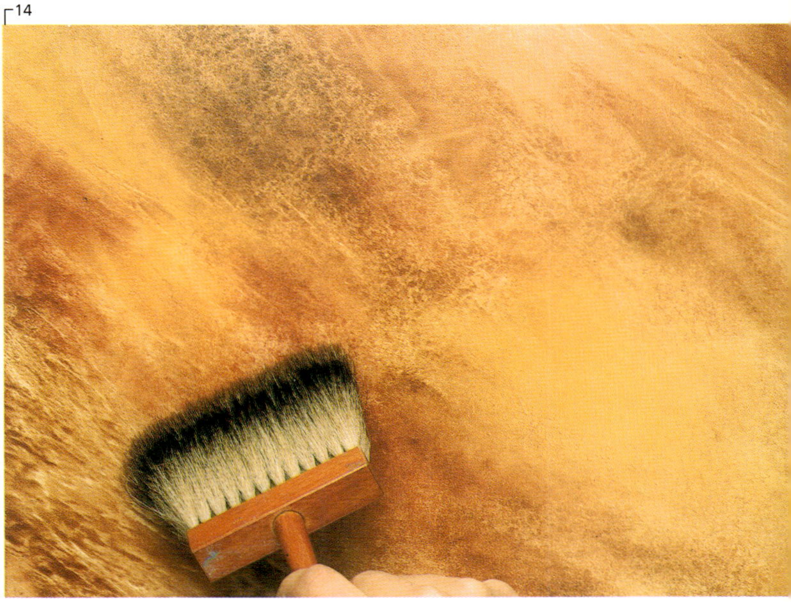

15

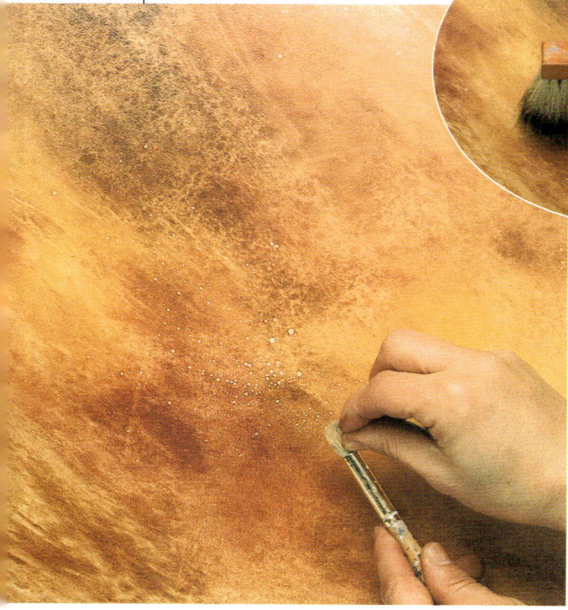

16

17

15- Sprenkeln Sie einige Stellen mit einem harten Pinsel oder einer Zahnbürste mit transparenter Lasur, um die Untergrundfarbe in Form kleiner Flecken wieder hervorzuholen. Diese wirken wie eingeschlossene Fossilien. Entfernen Sie den Überschuß aus dem Pinsel auf Papier, damit die Tropfen weder zu groß ausfallen noch zu stark verfließen. Sie können zusätzlich etwas Farbe mit dem Pinsel aufnehmen, um die Flecken in der gewünschte Nuance zu tönen.

16- Verwischen Sie die Flecken mit dem Dachsvertreiber, damit sie nicht verfließen und dadurch zu stark anwachsen.

17- Zeichnen Sie mit dem Äderungspinsel feine Adern in Umbra gebrannt. Richten Sie die Adern entsprechend dem Fond diagonal aus.

18- Integrieren Sie die Adern in den Untergrund, indem Sie sie mit dem Dachsvertreiber diagonal verwischen.

18

19

19- Fügen Sie sehr feine Nebenadern hinzu, die kleine verkalkte Wasserläufe darstellen, damit der Marmor realistischer wirkt.

20

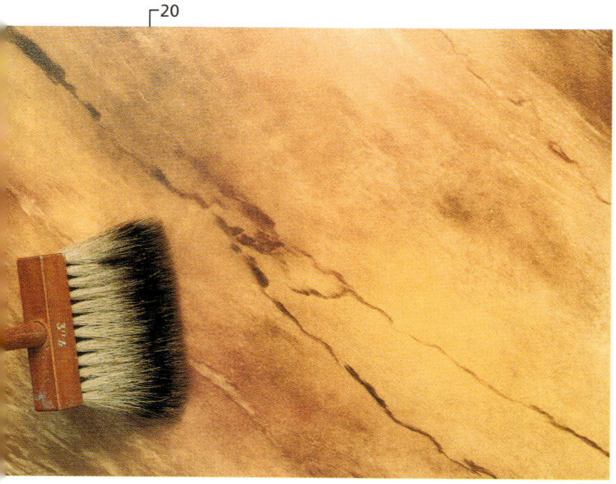

20- Greifen Sie erneut zum Dachsvertreiber, und integrieren Sie die kleinen Adern in das Gesamtbild.

21

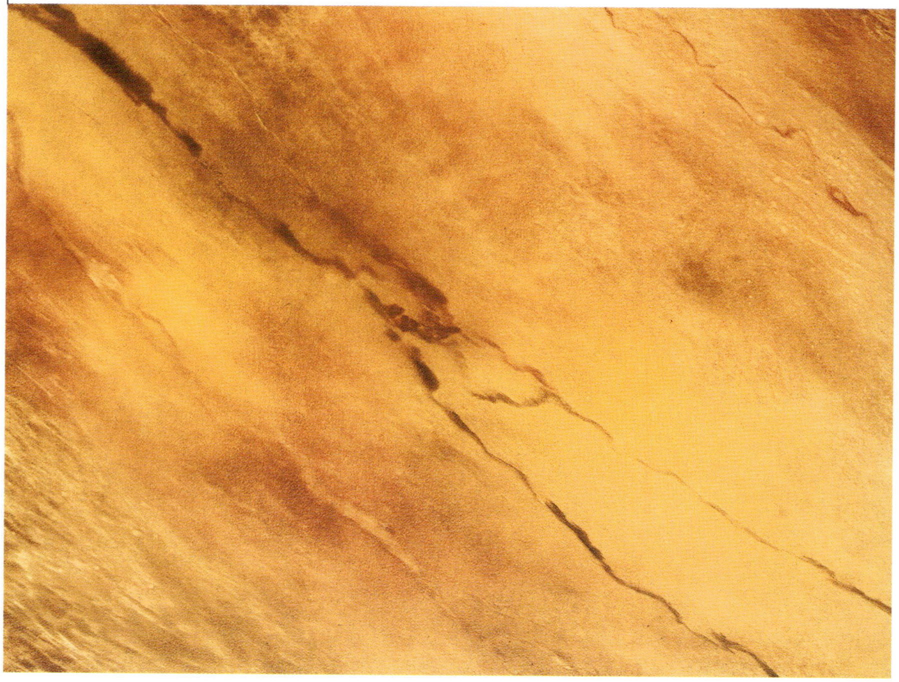

21- Die fertige Arbeit.

Venezianische Stuckimitation

Eine der verbreitetsten Techniken zum Dekorieren großer Flächen ist das Überziehen mit Öl. Es erinnert visuell an alten venezianischen Stuck, ist aber erheblich einfacher und preiswerter herzustellen.

1

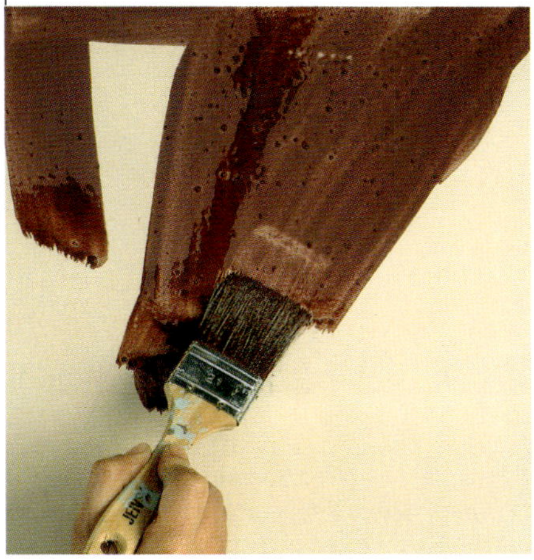

1- Stellen Sie eine Öllasur aus 1 Teil Leinöl, 2 Teilen Balsamterpentin, einigen Tropfen Universalsikkativ und 1/2 Tube Ölfarbe in der gewünschten Nuance her. Fügen Sie Farbe hinzu, bis Sie den geeigneten Ton erhalten haben. Tragen Sie die Lasurfarbe mit einem mittleren Flachpinsel in alle Richtungen auf die zuvor mit zwei Schichten seidenglänzender rosa Emailfarbe grundierte Fläche. Die Lasurfarbe muß unbedingt transparent sein. Fügen Sie deshalb nicht zuviel Farbe hinzu.

2

2- Ziehen Sie die Lasurfarbe mit dem Verstreicher gleichmäßig über die ganze Fläche. Es empfiehlt sich, in Abschnitten von 1 qm zu arbeiten. Der Vorteil der Arbeit mit Ölfarben besteht darin, daß sie langsam trocknen und man eventuelle Ansatzspuren durch Übermalen beseitigen kann.

3

3- Zerknüllen Sie ein Baumwolltuch so, daß Sie es mit allen Fingern fassen können. Drücken Sie das Tuch in alle Richtungen auf die Fläche, und vermeiden Sie Wiederholungen. Die Abdrücke richten sich nach den Falten des Tuchs.

4

4- Mildern Sie die bearbeitete Fläche vorsichtig mit dem in Form einer Acht geführten Dachsvertreiber. Das Verwischen muß äußerst behutsam erfolgen. Drückt man zu stark auf, können die angelegten Effekte zerstört werden. Nach dem Trocknen können Sie den Farbton verstärken, indem Sie das Verfahren wiederholen. Sie können auch eine andere Farbe verwenden. Lassen Sie die Arbeit anschließend trocknen, und schützen Sie sie je nach gewünschtem Endergebnis mit zwei Schichten matten oder seidenglänzenden Firnis.

5

5- Die fertige Arbeit.

Beispiel für Siena natur auf einem Fond in Lichter Ocker.

Travertinmarmor

Viele Marmorsorten enthalten unzählige Farbtöne und Adern. Andere ähneln mit ihren kleinen Löchern und zahlreichen Tönen ein und derselben Skala beinahe Stein. Die zweite Sorte wirkt visuell leichter. Man verwendet sie sowohl für große Flächen als auch für Böden.
Mit dieser Öltechnik erreicht man auf einfache Weise wirklich gute dekorative Ergebnisse.

1

1- Stellen Sie eine Lasurfarbe aus 1 Teil Leinöl, 2 Teilen Balsamterpentin und Ölfarben in Umbra natur und etwas Weiß her. Tragen Sie die Mischung auf die zuvor mit seidenglänzender Alkydharzfarbe in Rohweiß grundierte Fläche.

2

2- Ziehen Sie mit Lasurfarbe in Siena gebrannt einige Streifen von unregelmäßiger Breite in die Fläche.

3

3- Integrieren Sie die Farbe in den Fond, indem Sie vorsichtig mit dem Vertreiber darüber gleiten. Halten Sie immer dieselbe Richtung ein, damit die Farben verschmelzen und nicht ausgelöscht werden.

4

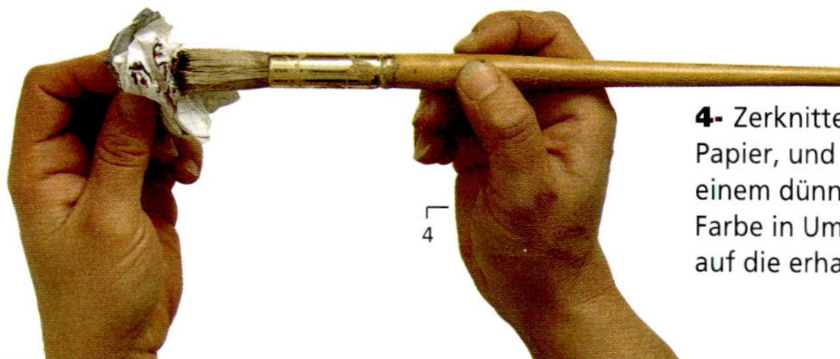

4- Zerknittern Sie ein Stück Papier, und tragen Sie mit einem dünnen Pinsel etwas Farbe in Umbra gebrannt auf die erhabenen Kniffe.

5

5- Drücken Sie das zerknitterte Papier vorsichtig auf die zu bearbeitende Fläche, und legen Sie kleine Flecken unterschiedlicher Stärke an.
Das Papier muß ständig gedreht und neu bemalt werden, damit die Wirkung variiert.

6- Integrieren Sie die unterschiedlichen dunklen Töne in den Fond, indem Sie den Dachsvertreiber behutsam in Form einer Acht über die Fläche führen.

6

7- Schneiden Sie Streifen aus dünner Plastikfolie, und legen Sie diese in schmale waagerechte Falten. Tragen Sie die Streifen waagerecht auf die Fläche, und drücken Sie sie mehr oder weniger kräftig mit den Händen an.

7

8

8- Ziehen Sie die Plastikfolie vorsichtig wieder ab, und wiederholen Sie das Verfahren auf der gesamten zu dekorierenden Fläche. Der visuelle Effekt der Marmorimitation wird realistischer, wenn Sie die Fläche aufteilen und in Blöcken von maximal 90 cm Höhe und 60 cm Breite arbeiten.

9

9- Sind die Abdrücke der Plastikfolie zu markant, integrieren Sie die Effekte mit dem Dachsvertreiber leicht in den Fond. Trocknungszeit: Minimum 24 Stunden.

10

10- Nachdem die Arbeit getrocknet ist, überziehen Sie die gesamte Fläche mit sehr transparentem Umbra natur, um größere Tiefe zu erreichen. Jede Farbschicht muß unbedingt vollständig getrocknet sein, bevor man die nächste Lasur anbringt. Das kann bei der Ölmalerei je nach Klima und Raumtemperatur sehr lange dauern.

11

12

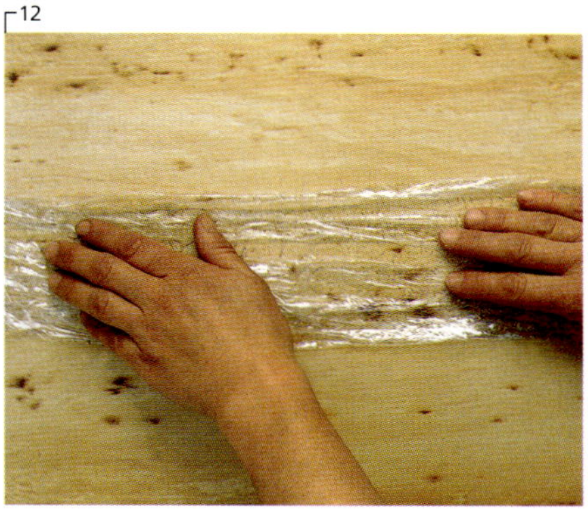

11- Verstreichen Sie die Lasurfarbe mit dem Vertreiber gleichförmig über die gesamte Fläche.

12- Sie können die Plastikfolie wie zuvor noch einmal auf einige Stellen drücken, um einen Teil der Untergrundfarbe wieder abzuheben. Auch die Verwendung von dickerer Folie ist möglich. Dann ist der Effekt markanter.

13

13- Integrieren Sie die Effekte in den Fond, indem Sie den Dachsvertreiber achtförmig über die Fläche führen. Der Dachsvertreiber muß äußerst behutsam eingesetzt werden, damit er die gewünschte Wirkung nicht zerstört. Lassen Sie die Arbeit mindestens 24 Stunden trocknen, und schützen Sie sie mit 2 Schichten seidenglänzenden Synthetikfirnis.

14

14- Die fertige Arbeit.

Mahagoniholz

Es mag schwierig erscheinen, bestimmte Holzarten zu imitieren. Doch seit dem 17. Jahrhundert gelingen den Malern mit erstaunlicher Geschicklichkeit realistische Imitationen, die auf den ersten Blick kaum als solche zu erkennen sind. Das gilt vor allem für seltene und kostspielige exotische Hölzer. Es ist empfiehlt sich, während des Malens immer wieder ein Muster oder eine Fotografie des zu imitierenden Holzes zurate zu ziehen.

Es gibt mehrere Mahagonisorten: den roten, exotischsten mit einem Fond in Rotorange, und den goldenen, den man manchmal auf Blattgold malt. Das Palmblatt, welches das Mahagoniholz bildet, ist sehr dekorativ. Wir wollen es bei der folgenden Übung imitieren.

1

1- Die Imitation erfolgt in zwei Schritten: dem ersten auf Wasserbasis und dem zweiten auf Ölbasis. Reiben Sie mit einem Lappen und Schlämmkreide kräftig über die zuvor mit Alkydharzfarbe in leuchtendem Orange grundierte Fläche, damit die Wasserfarben auf dem Fond haften bleiben. Alkydharzfarbe ist eine lösungsmittelhaltige Farbe. Deshalb würden Wasserfarben nicht gut darauf halten. Die Schlämmkreide dient der Entfettung und sorgt dafür, daß die Wasserfarben sich besser daran festmachen.

2

2- Mischen Sie Rot mit etwas Schwarz, um eine dunkelbraune Farbe zu erhalten. Verdünnen Sie die Mischung im Verhältnis 1 Teil Farbe zu 2 Teilen Wasser. Auf diese Weise entsteht eine leicht transparente Farbe. Tragen Sie die Farbe mit einem mittleren Flachpinsel senkrecht auf die Fläche. Dies muß schnell geschehen, damit das Produkt vorher nicht trocknet.

3

4

5

6

3- Verstreichen Sie die Farbe gleichförmig mit dem Vertreiber. Auch hier müssen Sie rasch arbeiten, damit die Farbe nicht trocknet. Sollte dies eintreten, so daß Sie nicht weiterarbeiten können, geben Sie etwas mehr Wasser in die Mischung, um die Trocknungszeit zu verlängern. Trocknet die Farbe mitten in der Arbeit, reiben Sie die Fläche rasch mit Alkohol ab, um die getrockneten Stellen zu entfernen. Anschließend müssen Sie erneut mit Schlämmkreide arbeiten.

4- Schneiden Sie einen Kunststoffschwamm so mit einem Cuttermesser zu, daß Sie eine absolut gerade Seite erhalten. Streichen Sie mit dem leicht angefeuchteten Schwamm von unten nach oben bis zur Mitte des Palmblattes, damit eine leichte Farbansammlung entsteht. Fahren Sie von dort in absteigender Richtung fort, und zeichnen Sie das Palmenblatt. Lassen Sie die Arbeit 20 Minuten trocknen.

5- Tragen Sie mit dem Lackierpinsel seidenglänzenden Synthetikfirnis auf, so daß eine dünne, gleichförmige Schicht entsteht. Lassen Sie die Arbeit anschließend 24 Stunden trocknen.

6- Mischen Sie eine transparente Lasurfarbe aus Ölfarben in Karminrot, Schwarz und etwas Ultramarinblau sowie 1 Teil Leinöl, 2 Teilen Balsamterpentin und einigen Tropfen Universalsikkativ.

7

8

9

7- Verteilen Sie die Farbe behutsam mit dem Vertreiber, um eine homogene Fläche zu erhalten.

8- Verwischen Sie die Spuren des Vertreibers, indem Sie mit achtförmigen Bewegungen des Dachsvertreibers über die Fläche gleiten und die Zeichnung des Palmblattes durch Transparenz wieder hervorholen.

9- Tauchen Sie einen Schweinsborstenpinsel mit langem Haarkörper in die Lasurfarbe, und drücken Sie den Überschuß aus. Folgen Sie damit der ersten Zeichnung, um beleuchtete Stellen anzudeuten. Der Pinsel darf nicht zuviel Farbe enthalten, damit die Lichtwirkung nicht zu kräftig wird.

10

11
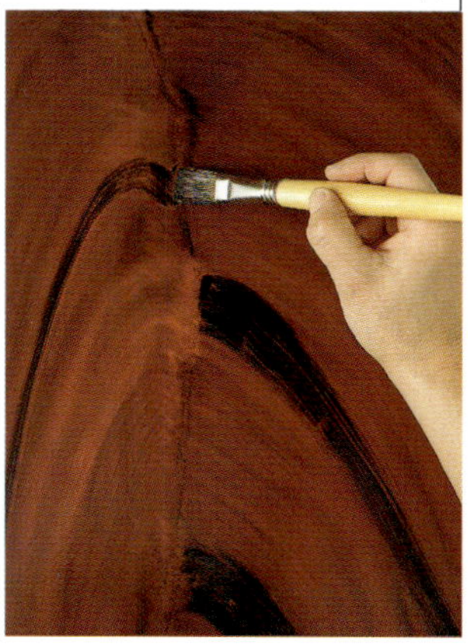

12

10- Mildern Sie das vorige Stadium mit dem Dachsvertreiber, um es auf natürliche Weise in das Gesamtbild zu integrieren.

11- Mischen Sie eine dunkle Farbe aus Rot und Schwarz, und zeichnen Sie mit einem flachen Künstlerpinsel aus Naturhaar die geschwungenen Linien nach, um die tonalen Unterschiede zu unterstreichen.

13

12- Legen Sie mit einem dünneren Künstlerpinsel zarte Lichteffekte neben einige dunkle Flächen, um einen größeren Kontrast zu erhalten.

13- Verwischen Sie das Umfeld des Palmblattes in aufsteigender Richtung mit dem Dachsvertreiber. Legen Sie mit leichten Schlägen von unten nach oben zarte Markierungen an, um die Poren anzudeuten. Lassen Sie die Arbeit 24 Stunden trocknen. Überziehen Sie sie anschließend mit 2 Schichten seidenglänzenden Firnis, wobei die erste Schicht vor der Anlage der zweiten getrocknet sein muß. Dieser Schritt ähnelt dem Schlagen. Er wird jedoch nur außerhalb des Blattes angewendet und muß sehr behutsam und subtil erfolgen.

14- Die fertige Arbeit.

14

Scheuern mit Wachs

Hier ein Beispiel für ein Werk in der Scheuertechnik, wobei wir bei dieser Übung farbiges Wachs mit Metalleffekt verwenden. Es ergibt ein besonders dekoratives Endergebnis vor allem für kleine Gegenstände oder Möbel.

1

1- Überziehen Sie die Fläche, die Sie dekorie-ren möchten, mit einer Schicht versiegelnder Acrylgrundierung. Verwenden Sie einen mittleren Flachpinsel, und lassen Sie die Arbeit trocknen

2- Tragen Sie nach dem Trocknen der Schicht eine dunkelbraune Farbe auf, und sorgen Sie dafür, daß der ganze Gegenstand gut bedeckt wird. Fügen Sie, falls nötig, nach dem Trocknen der ersten Schicht eine zweite hinzu, und lassen Sie diese ebenfalls trocknen.

2

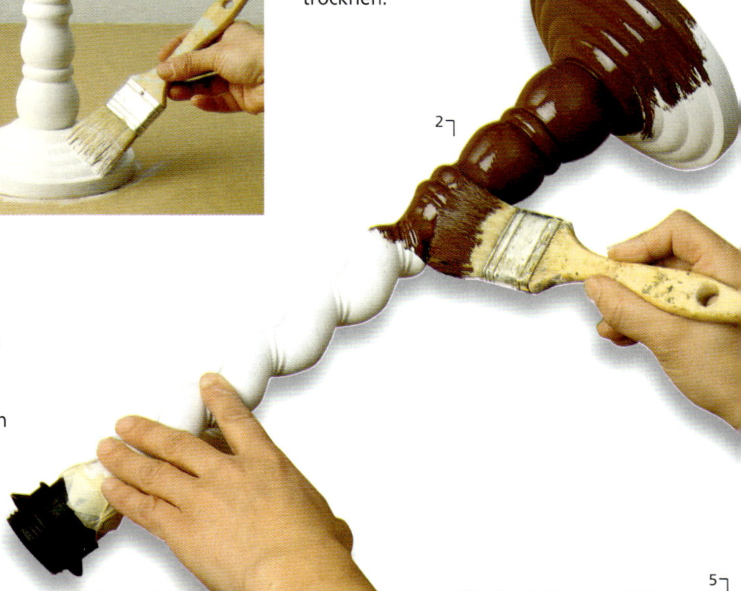

3

3- Überziehen Sie den gesamten Gegenstand mit Englischrot: Lassen Sie jedoch einige kleine Stellen unbemalt. Sie können auch mehrere Farben als Grundlage ungleichmäßig übereinanderlegen und nach dem Scheuern wieder hervorholen.

4

4- Tragen Sie nun mit dem beinahe trockenen Flachpinsel kleine längliche Flecken in mittlerem Grün ungleichmäßig auf den zu dekorieren-den Gegenstand.

5

5- Überziehen Sie die ganze Fläche nach dem Trocknen mit einem harten Pinsel mit zinnfarbenem Wachs. Um vollständig zu trocknen, benötigt das Wachs 24 Stunden.

6

7

6- Bearbeiten Sie die gesamte Fläche mit mittelstarker Stahlwolle, und reiben Sie besonders auf den Erhebungen. So holen Sie die Farben des Untergrunds wieder hervor. Die Arbeit muß ungleichmäßig erfolgen, damit sie natürlich wirkt. Je nach gewünschter Wirkung kann man den Gegenstand reiben oder streifen.

7- Verdünnen Sie dunkelbraune Acrylfarbe in einem tiefen Gefäß im Verhältnis 1:1 mit Wasser. Überziehen Sie den Gegenstand abschnittsweise mit dieser Mischung, und entfernen Sie den Überschuß rasch mit einem Baumwolltuch.
Wir haben eine dunkle Farbe für die Bearbeitung durch Scheuern gewählt. Natürlich können Sie auch einen anderen Ton auftragen, um den Gegenstand künstlich altern zu lassen, zum Beispiel Schwarz, Ultramarin etc.

8- Sollten die Spuren des Tuches zu stark zu erkennen sein, verwischen Sie sie mit dem Dachsvertreiber.
Falls das gewünschte Ergebnis nach dem Scheuern des Wachses bereits erreicht ist, kann der letzte Schritt des Abdunkelns mit Farbe entfallen.

8

9

9- Die fertige Arbeit.

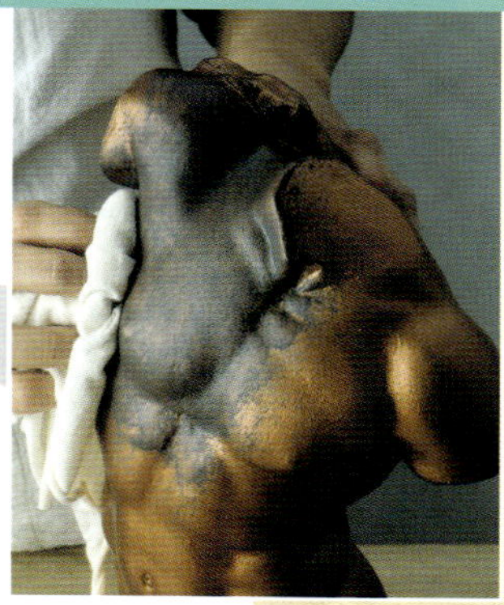

6 Patinas

Als Patina bezeichnet man eine Farbe oder eine Struktur, welche die Oberfläche eines Materials aufgrund der Erosion und des Zeitverlaufs auf natürliche Weise annimmt. Mit Farbe und weiteren Produkten kann man diese Wirkung visuell nachahmen.

Einige Patinas, die wir nachstehend beschreiben, bestehen aus Oxidationen unterschiedlichen Metalls. Bei anderen handelt es sich um Abnutzungsspuren bis zum Verfall, die manche Objekte mit der Zeit aufweisen. Ganz gleich, ob man sie zum Oxidieren bzw. vorzeitigem Altern verwendet oder mit viel Phantasie einsetzt: Patinas sind wahre Zauberinnen und können mehr oder weniger realistisch auf jeder Fläche eingesetzt werden.

Dekoration mit Patinas

Die Schönheit dekorierter Gegenstände ist häufig das Ergebnis der Anlage einer künstlichen Patina. In der Dekoration verwendet man immer mehr Gegenstände und Objekte zur Unterstützung des Ambientes, die bisher Bühnenbildern und Filmszenen sowie Schaufensterauslagen vorbehalten waren.
Beherrscht man diese Techniken und experimentiert mit diversem Material, verwandeln sich selbst schlichte Gegenstände ohne ästhetischen Wert in ansprechende dekorative Elemente.

Verwendung

Die Verwendung von Patinas ist vielfältig. Man kann sie auf unterschiedliche Flächen tragen, wobei große glatte Wände Schwierigkeiten bereiten, solange man nicht über ein Minimum an Erfahrung verfügt.
Auf Möbeln, Gegenständen und architektonischen Elementen kann die Wirkung erstaunlich sein. Hauptsächlich verwendet man Patinas, um den Eindruck eines anderen Materials zu erzeugen, eine optische Illusion zu schaffen und Materialien älter aussehen zu lassen. Man benutzt beinahe alle Arten von Farbe: Alkydharz-, Acryl- und Ölfarbe und als unterstützendes Material Talkum, Asche, Marmorpulver etc. Jedes Material kann nützlich sein, um spektakuläre Patinas zu schaffen. Viele Metallmaler verwenden giftige Säuren, um bestimmte Effekte zu erzielen. Wir haben uns allerdings auf ungefährliche Materialien und Produkte beschränkt.

Gipsfiguren mit unterschiedlicher Alterungspatina. Grünspan (A), Altsilber (B), Blau mit Gold (C), gealterte oxidierte Vergoldung (D), Graphit (E), Polychromie (F), Bronze (G), Elfenbein (H), abgenutzte Terrakotta (I), Oxidation mit Eisensulfat (J), oxidiertes Gold (K)

Dekorative Effekte

Die charakteristische Färbung, die sich im Laufe der Zeit an Bildern, Skulpturen und Gegenständen im allgemeinen einstellt, wird bewußt für dekorative Effekte genutzt. Die unterschiedlichen Patinas dienen dem Ziel, für Tiefe zu sorgen, indem man die Rundungen abschattet und die Erhebungen betont. Heutzutage sind zahlreiche Produkte im Handel, die sich Patinas nennen. Diese mehr oder weniger transparenten Erzeugnisse, die man in unterschiedlichen Tönen und Farben überlagert, können nützlich sein, sind manchmal aber extrem teuer. Wir möchten Ihnen hier einige Tricks mit sehr gebräuchlichem Material verraten. Einiges davon befindet sich vielleicht sogar in Ihrem Haushalt.

Die Art der Patina wird häufig von dem zu dekorierenden Gegenstand, seiner Form und seiner Struktur bestimmt, die einem als Anhaltspunkt dafür dient, wie er mehr oder weniger dekorativ behandelt werden muß.

Konsole, dekoriert mit Blattgoldimitation und gealtert.

Anwendungsgebiete

Wie bei den zuvor genannten Techniken ist das Anwendungsgebiet auch hier sehr vielfältig. Wichtigste Voraussetzung ist, daß man auf der jeweils richtig vorbereiteten Fläche arbeitet. Gelegentlich können Patinas direkt auf ein Gipsobjekt getragen werden. Das gilt jedoch nur für bestimmte Endverarbeitungen wie mit Asphaltgraphitwachs für Imitation von gealtertem Stein. Andere Patinas erfordern eine entsprechende Vorbereitung. Das Grundmaterial kann Eisen, Gips, Holz, Styropor etc. sein und wird in jedem konkreten Fall mit der geeigneten versiegelnden Grundierung versehen.

Allerdings sollte man nicht vergessen, daß die Wirkung der Patina wesentlich leichter eintritt, wenn der zu dekorierende Gegenstand Erhebungen oder Schnitzereien aufweist.

Bilder- und Spiegelrahmen, architektonische Elemente, kleine und große Skulpturen sowie Möbel eignen sich hervorragend für eine Behandlung mit diesen Techniken. Das Studium antiker Objekte, um festzustellen, wo sich die abgenutztesten Stellen befinden oder wo die Oxidation am sichtbarsten ist, trägt zu einer realistischeren Darstellung der Alterungseffekte bei. So müssen die Griffe der Möbel zum Beispiel mit einer helleren Patina versehen werden als die Ecken oder die Vertiefungen, die dunkler sind, weil sie kaum berührt werden. Will man die Technik des Patinierens und des künstlichen Alterns beherrschen und eine sehr natürliche Wirkung erzielen, muß man also Originale studieren.

Klassische Elemente wie diese Gipsbüste, die mit einer Patina aus Asphaltgraphit und Wachs sowie Talkum gealtert wurde, eignen sich ideal für diese Techniken.

Metallische Reflexe

Die zahlreichen Kombinationen, die mit Patinas möglich sind, erhalten besondere Schönheit, wenn man sie mit einigen Reflexen aus Metallwachs versieht.

Eiseneffekt

Die Imitation von Gußeisen durch einfaches Überlagern von Farbe verleiht jeder Fläche das spektakuläre Aussehen dieses Materials.

1

1- Tragen Sie eine gleichförmige Schicht mittelgraue Acrylfarbe auf das zuvor mit versiegelnder Acrylgrundierung präparierte Gipsstück. Lassen Sie die Arbeit 15 Minuten trocknen.

2

3

4

2- Überziehen Sie einige Stellen mit einer zweiten Schicht aus hellerem Grau, ohne die erste Farbe ganz abzudecken. Lassen Sie die Arbeit 10 Minuten trocknen.

3- Nehmen Sie mit einem flachen Stupfpinsel wenig dunkelgraue Acrylfarbe auf, und entfernen Sie den Überschuß mit Saugpapier. Schattieren Sie das gesamte Stück, und bearbeiten Sie vor allem die Erhebungen, ohne die vorigen Farben restlos abzudecken. Lassen Sie die Arbeit 10 Minuten trocknen.

4- Nehmen Sie mit den Fingerspitzen eine kleine Menge zinnfarbenes Metallwachs auf, und tragen Sie es ungleichmäßig auf einige Erhebungen. Lassen Sie die Arbeit eine halbe Stunde trocknen.

5- Polieren Sie das Gipsstück mit einem weichen Tuch, so daß Metallreflexe entstehen, die für den Eindruck von Eisen sorgen.

5

6

6- Die ferige Arbeit.

Blau mit Gold

Dieser Effekt gelingt am besten auf Flachreliefs und ist auf großen Stücken ebenso dekorativ wie auf kleinen. Auch in jeder anderen Farbkombination kann er prachtvoll ausfallen.

1- Überziehen Sie das zu dekorierende Stück mit einer versiegelnden Acrylgrundierung, und lassen Sie es trocknen. Tragen Sie Preußischblau auf die gesamte Fläche, und fügen Sie, falls nötig, eine zweite Schicht hinzu, damit das ganze Stück gut bedeckt ist. Lassen Sie es eine halbe Stunde trocknen.

1

2

2- Tragen Sie mit einem kleinen Schweinsborstenpinsel hellblaue Ölfarbe vor allem in die Vertiefungen.

3- Entfernen Sie den Farbüberschuß mit einem Baumwolltuch. Bearbeiten Sie vor allem die Erhebungen, damit die Untergrundfarbe hervortritt und das Stück mehrere Farbwerte erhält. Lassen Sie die Arbeit zwei Stunden trocknen.

3

4

5

4- Tragen Sie mit der Fingerspitze stellenweise mittelgoldenes Dekorationswachs auf die Erhebungen, um sie zu betonen. Der Umfang der Reflexe hängt vom persönlichen Geschmack und dem gewünschten Endergebnis ab. Trocknungszeit: eine halbe Stunde.

5- Polieren Sie das Stück nach dem Trocknen behutsam mit einem weichen Tuch.

6

6- Die fertige Arbeit.

Altes Holz

Obwohl es sich hier eigentlich um Metallreflexe handelt, können wir mit dieser Technik jedes Element aus Kunststoff, Gips, Harz etc. in so edles Material wie Holz verwandeln. Mit dieser Patina entsteht der visuelle Eindruck von altem Holz.

1

1- Tragen Sie Beige auf die gesamte zuvor mit versiegelnder Acrylgrundierung vorbereitete Fläche, und lassen Sie die Arbeit 10 Minuten trocknen.

2

2- Nehmen Sie mit einem Flachpinsel schwarze Acrylfarbe auf. Entfernen Sie den Überschuß mit Saugpapier, und schattieren Sie die Erhebungen so, daß ein Teil der Untergrundfarbe sichtbar bleibt. Trocknungszeit 10 Minuten.

3

3- Tragen Sie etwas dickere Lasurfarbe in Dunkelbraun auf das gesamte Objekt. Trocknungszeit 20 Minuten.

4

5

4- Bepudern Sie das gesamte Objekt mit Talkum, bevor die Lasurfarbe getrocknet ist. Bearbeiten Sie besonders die Winkel und die Vertiefungen. Trocknungszeit 10 Minuten.

5- Entfernen Sie das Talkum mit einem trockenen Pinsel, und hinterlassen Sie nur eine geringe Menge in den Winkeln.

6

7

8

9

6- Entfernen Sie das Talkum, das an den Reliefs haften geblieben ist, noch etwas stärker mit einem weichen Tuch, so daß die Untergrundfarbe teilweise wieder hervortritt.

7- Tragen Sie mit dem Finger behutsam hellgoldenes Metallwachs auf die Reliefs und die Formen, die Sie hervorheben möchten, um ihnen mehr Glanz zu verleihen. Trocknungszeit eine halbe Stunde.

8- Polieren Sie die Stellen vorsichtig mit einem weichen Tuch, um den Metallglanz stärker sichtbar zu machen.

9- Die fertige Arbeit.

Granat mit Kupfer

Die Farbkombination ist bei der Arbeit mit Alterungspatinas von größter Bedeutung. Wechselt man die Nuancen des Goldwachses und bedeckt vermehrt Stellen damit, erhält man ausgesprochen prachtvolle Ergebnisse.

1

2

1- Überziehen Sie das Objekt mit versiegelnder Acrylgrundierung, und lassen Sie es 2 Stunden trocknen. Bedecken Sie die gesamte Fläche gut mit einem mittleren Granatrot. Lassen Sie die Arbeit eine halbe Stunde trocknen.

2- Tragen Sie hellgrüne Öllasurfarbe auf die gesamte Fläche, und bearbeiten Sie insbesondere die Ecken und die Vertiefungen.

3

4

5

3- Entfernen Sie den Lasurüberschuß mit einem weichen Tuch von den Erhebungen, um unterschiedliche Farbtöne zu erhalten. Lassen Sie die Arbeit eine halbe Stunde trocknen.

4- Nehmen Sie mit einem Stupfpinsel eine geringe Menge mittleres Granatrot auf, und entfernen Sie den Überschuß mit Saugpapier. Schattieren Sie das Objekt, in dem Sie die Erhebungen stellenweise betonen. Trocknungszeit 10 Minuten.

5- Nehmen Sie eine kleine Menge kupferfarbenes Wachs mit der Fingerspitze auf, und verleihen Sie dem Objekt Brillanz. Betonen Sie insbesondere die aufragenden Stellen. Lassen Sie die Arbeit eine halbe Stunde trocknen.

6- Polieren Sie das gesamte Objekt vorsichtig mit einem weichen Tuch, bis der gewünschte Glanz entstanden ist.

6

7

7- Die fertige Arbeit.

Oxidiertes Gold

Wachs mit Asphaltgraphit ergibt eine Alterungspatina, mit der sich vielfältige Wirkungen erzeugen lassen. Auch mit Schuhcreme in helleren Tönen kann man schöne dekorative Ergebnisse erzielen. Man braucht nur zu experimentieren.

1

1- Überziehen Sie das Objekt mit einer versiegelnden Grundierung, und lassen Sie es 2 Stunden trocknen. Tragen Sie Acrylfarbe in Goldgelb auf die gesamte Fläche, und lassen Sie sie trocknen. Fügen Sie eine zweite Schicht hinzu, damit die Farbe absolut gleichförmig wird. Manche metallische Acrylfarben decken nicht sehr stark. Deshalb trägt man sie gewöhnlich in mehreren Schichten auf.

2

2- Überziehen Sie anschließend einige Stellen mit hellgrüner Acrylfarbe, und betonen Sie besonders die Vertiefungen.

3

3- Entfernen Sie unmittelbar darauf den Überschuß mit einem Baumwolltuch, damit einige Stellen heller ausfallen als andere.

4

4- Tragen Sie eine Patina aus der Mischung von farblosem Wachs und Asphaltgraphit ungleichmäßig auf das ganze Objekt.

5- Tupfen Sie mit einem weichen Tuch den Überschuß der Patina wieder ab. Halten Sie einige Stellen dunkler als andere. Zum Entfernen der Patina aus den Vertiefungen verwenden Sie einen trocknen Pinsel. Trocknungszeit 1 Stunde.

6- Tragen Sie mit dem Finger ungleichmäßig gelbgoldenes Metallwachs auf das zu dekorierende Objekt, und betonen Sie die Erhebungen. Die Metallreflexe dürfen keinesfalls gleichförmig ausfallen. Trocknungszeit eine halbe Stunde. Polieren Sie das gesamte Objekt mit einem weichen Tuch. Bearbeiten Sie insbesondere die Erhebungen, um eine dekorativere Wirkung zu erhalten.

7- Die fertige Arbeit.

Fertige Zierblätter.

Patina „alter Stein"

Die Verwandlung von Objekten mit Hilfe einer Alterungspatina geschieht manchmal auf sehr einfache Weise und hat dennoch eine große Wirkung. Das geeignetste Grundmaterial ist Gips, da die Endverarbeitung aufgrund der porösen Oberfläche sehr realistisch wirkt. Es gibt unzählige architektonische Elemente und Skulpturen aus Gips, die mit Hilfe dieser Bearbeitung große Schönheit erlangt haben.

1

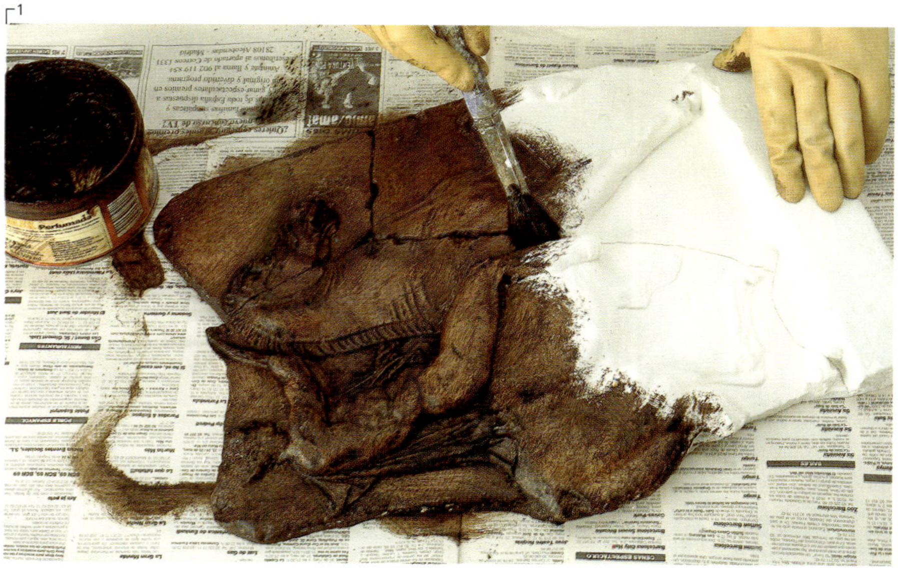

1- Stauben Sie das Gipselement, das Sie zum Dekorieren gewählt haben, sorgfältig ab. Stellen Sie eine Mischung aus Möbelwachs und Asphaltgraphit zu gleichen Teilen her, und überziehen Sie das gesamte Gipselement damit. Bearbeiten Sie besonders die Vertiefungen. Wenn Sie anderes Material mit dieser Patina überziehen möchten, zum Beispiel Kunststoff, Holz, Styropor etc., versehen Sie es zuvor mit der jeweils geeigneten Grundierung und zwei Schichten matte Latexfarbe, um eine ähnliche Porosität wie die von Gips zu erhalten. Vergewissern Sie sich von der Qualität der Grundierung, indem Sie eine Probe an einer nicht sichtbaren Stelle machen.

2

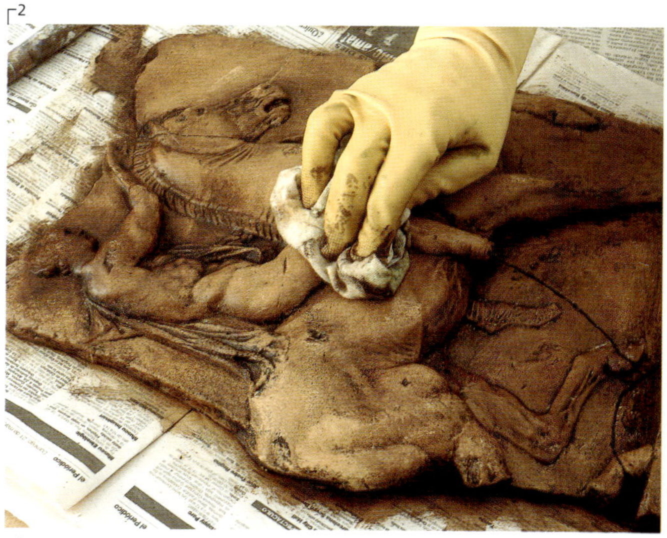

2- Entfernen Sie die überschüssige Patina mit einem weichen Baumwolltuch, und bearbeiten Sie insbesondere die Erhebungen. Zum Entfernen der Patina aus den Vertiefungen benutzen Sie einen trockenen Pinsel, der auch in jene Winkel gelangt, die man mit dem Tuch nicht erreicht.

3- Ist das Objekt zu gleichförmig oder zu dunkel ausgefallen, hellen Sie die Patina auf, indem Sie die dunklen Stellen vorsichtig mit einem Tuch und farblosem Wachs bearbeiten. Nicht jede Patina ist gleich dunkel. Manchmal möchte man viel dunklere Objekte anfertigen als üblich. Dann entfällt das Aufhellen.

3

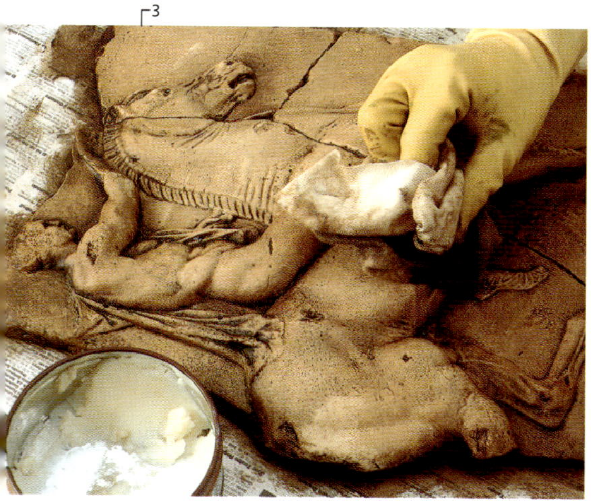

4- Bevor das Wachs zu trocknen beginnt, bepudern Sie das gesamte Objekt mit Talkum. Talkum mildert den Kontrast der Patina und sorgt darüber hinaus für eine sehr zarte Griffigkeit.

4

5

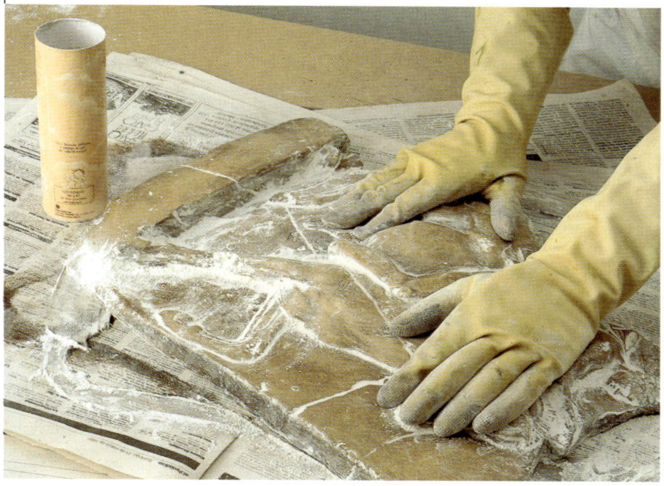

5- Verteilen Sie das Talkum mit den Händen über die ganze Fläche. Reiben Sie behutsam, damit es in alle Ecken dringt. Lassen Sie die Arbeit 24 Stunden ruhen, damit das Pulver sich mit dem Wachs verbindet. Man erhält Talkum in Spezialgeschäften, kann aber auch die parfümierte Sorte verwenden, obwohl das teurer ist.

6

6- Entfernen Sie das überschüssige Talkum mit einem breiten Schweinsborstenpinsel. Lassen Sie eine kleine Menge in den Vertiefungen, damit der Effekt von altem Stein realistischer wird.

7

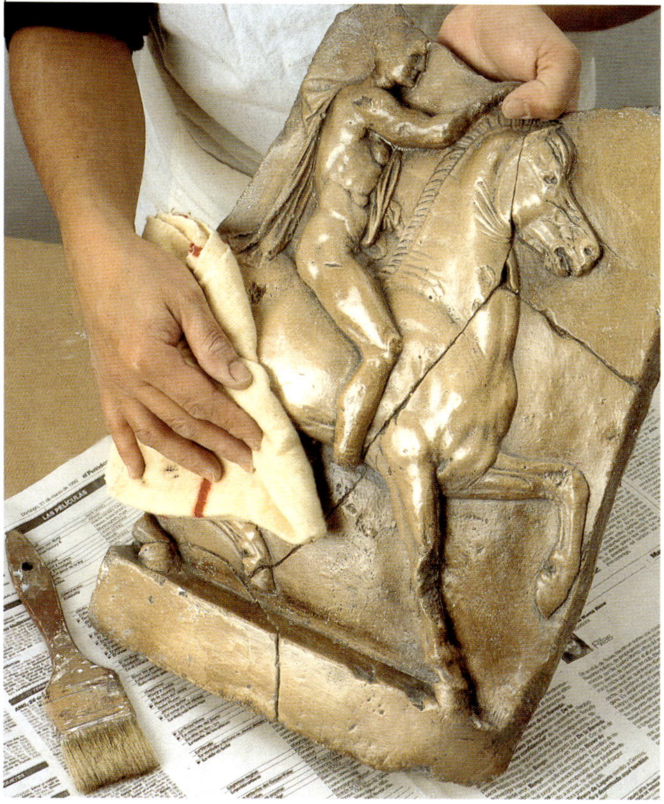

7- Polieren Sie das Objekt mit einem weichen Tuch, und reiben Sie vorsichtig darüber, bis die Fläche einen seidenglänzenden Schimmer erhält, der sich angenehm anfühlt und sehr dekorativ ist.

8

8- Die fertige Arbeit.

Graphit

Graphit besteht aus kristallisiertem Kohlenstoff und ist von dunkelgrauer Farbe. Als färbendes Pigment wird er selten verwendet, dafür aber regelmäßig, um qualitätvolle Strukturen zu erhalten. Mit Graphit entstehen sehr dekorative Metalleffekte. Darüber hinaus bildet er die Grundlage für die Herstellung von Bleistiftminen.

1

1- Überziehen Sie das Objekt gleichmäßig mit versiegelnder Acrylgrundierung, und lassen Sie es 2 Stunden trocknen. Bedecken Sie anschließend die gesamte Fläche mit seidenglänzender Alkydharzfarbe, und lassen Sie diese etwas einziehen. Der richtige Punkt ist erreicht, wenn die Oberfläche beim Berühren leicht klebt, aber nicht färbt.

2

2- Nehmen Sie eine geringe Menge Graphit mit einem trockenen Flachpinsel auf, und bepudern Sie die Fläche so lange, bis Sie einschließlich der Vertiefungen vollständig bedeckt ist. Lassen Sie die Arbeit 24 Stunden trocknen. Ist der zu dekorierende Gegenstand sehr groß und hat er keine flachen Seiten, trägt man den Graphit unter leichtem Schlagen auf, damit das Pulver an der Oberfläche haften bleibt.

4

4- Polieren Sie die Fläche mit einem weichen Tuch, damit der Metalleffekt schöner wird. Die zarte Granulierung, die das Endergebnis in dieser Technik erhält, besitzt eine große dekorative Wirkung.

3

3- Entfernen Sie den Graphitüberschuß mit einem völlig trockenen Flachpinsel, und säubern Sie die Fläche sorgfältig von allen Resten, die nicht haften.

5

5- Die fertige Arbeit.

Schellack und Kalziumwachs

Kalziumwachs ist eine Mischung aus Bienenwachs und weißen Pigmenten. Das weißliche Aussehen, das sich bei der Verwendung dieser Patina einstellt, steht im Gegensatz zu dem, was man normalerweise anstrebt: das Objekt durch Abdunkeln künstlich altern zu lassen. Mit Kalziumwachs bearbeitete Gegenstände erhalten aber ebenfalls ein älteres Aussehen von großer Schönheit.

1

1- Versiegeln Sie das gesäuberte Medaillon aus künstlichem Marmor mit einer Schicht aus farblosem Schellack. Lassen Sie die Fläche trocknen, und wiederholen Sie das Verfahren. Trocknungszeit 15 Minuten. Das Medaillon muß absolut sauber sein und darf keine Flecken aufweisen, da die transparente Patina eventuelle Defekte oder Verschmutzungen nicht abdecken würde.

2

2- Schellack ist in unterschiedlichen Nuancen von farblos bis zu dunklen, aber immer transparenten Tönen erhältlich. Man kann ihn selber mit Pigmenten tönen. In unserem Fall verwenden wir Siena gebrannt, um einen Orangeton zu erhalten. Tragen Sie den orangenfarbenen Schellack mehrschichtig auf, und lassen Sie jede Schicht 15 Minuten trocknen. Wünschen Sie einen kräftigeren Ton, fügen Sie weitere Schichten hinzu. Allerdings darf der Schellack seine Transparenz nicht verlieren. Trocknungszeit 1 Stunde.

3

3- Verstreichen Sie das Kalziumwachs mit einem Schweinsborstenpinsel auf die ganze Fläche, und bearbeiten Sie besonders die Vertiefungen.

4

4- Tupfen Sie anschließend behutsam mit dem Pinsel senkrecht auf die Fläche, um alle Spuren des Haarkörpers zu beseitigen. Die Fläche muß gleichmäßig zart punktiert werden. Trocknungszeit 30 Minuten.

5

5- Behandeln Sie die Stellen, an denen die Grundfarbe wieder hervortreten soll, mit feiner Stahlwolle. Gehen Sie äußerst behutsam und abschnittweise vor, bis Sie die gesamte Fläche ungleichmäßig bearbeitet haben. Ist das Wachs irgendwo zu stark getrocknet und läßt es sich schwer entfernen, reiben Sie die Stelle mit farblosem Wachs ein. Das erleichtert die Arbeit. Zum Abschluß können Sie das Medaillon zart mit einem Tuch polieren, bis es sich weich und seidig anfühlt.

6

6- Die fertige Arbeit.

Polychromie

Das Bemalen von Dekorationsstücken und ornamentalen architektonischen Elementen war zu fast allen Zeiten und in beinahe allen Stilen üblich. Überzieht man die Objekte darüber hinaus noch mit einer Alterungspatina, erreicht man, daß sie zarter und harmonischer wirken.

1

2
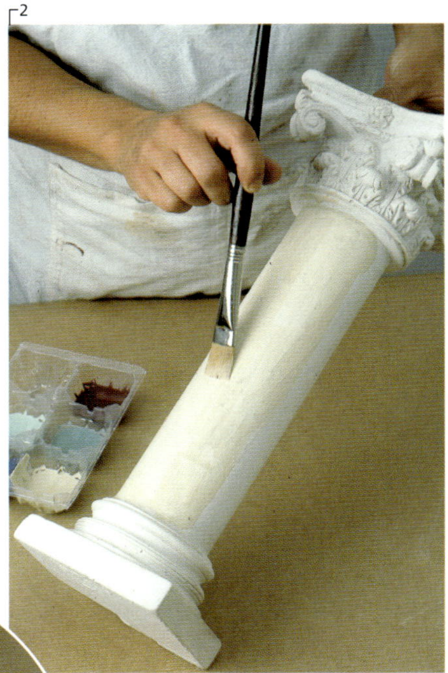

1- Tragen Sie eine Schicht Schellack, den Sie mit 50%igem Alkohol verdünnt haben, auf die sorgfältig entstaubte Gipssäule. Der Schellack versiegelt die poröse Gipsfläche und macht sie gleitend. Falls der Gips den Schellack rasch aufsaugt und einige Stellen porös bleiben, fügen Sie eine zweite Schicht hinzu.

3

4

5

2- Verdünnen Sie die Acrylfarben im Verhältnis 1 Teil Farbe zu 2 Teilen Wasser, so daß sie wäßrig werden. Überziehen Sie die gesamte Säule zunächst mit Rohweiß.

3- Legen Sie eine Schicht Hellgrün auf das Kapitell. Halten Sie einige Stellen beinahe transparent. Wünschen Sie deckendere Farben, tragen Sie mehrere Schichten auf, nachdem die vorige jeweils getrocknet ist.

4- Für den Fuß der kleinen Säule benötigen Sie Granatrot. Es empfiehlt sich, dunklere Farben für den Fuß zu verwenden, damit die Säule ausgewogen wirkt.

5- Tragen Sie stark verdünntes Preußischblau auf den oberen Abschnitt des Kapitells.

6- Zum Ausgleich für die Farbe des Fußes erhält ein Teil des Kapitells ebenfalls Granatrot.

6
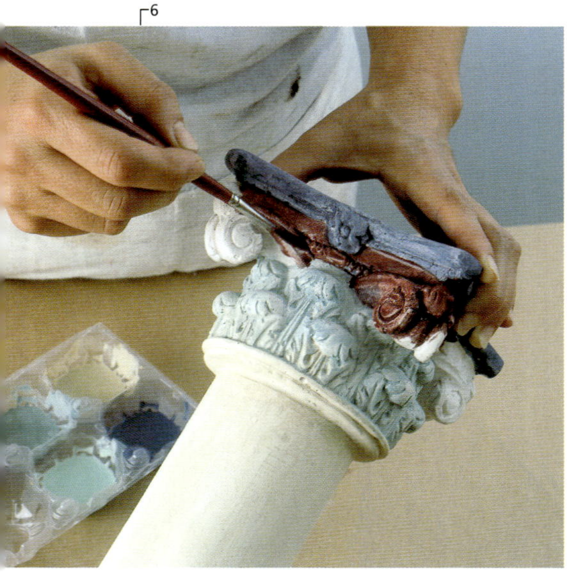

7

7- Malen Sie die Zierleisten oben und unten mit unverdünntem Gelbgold. Derartige kleine Details verschönern das Endergebnis. Lassen Sie die Arbeit 2 Stunden trocknen.

8

9

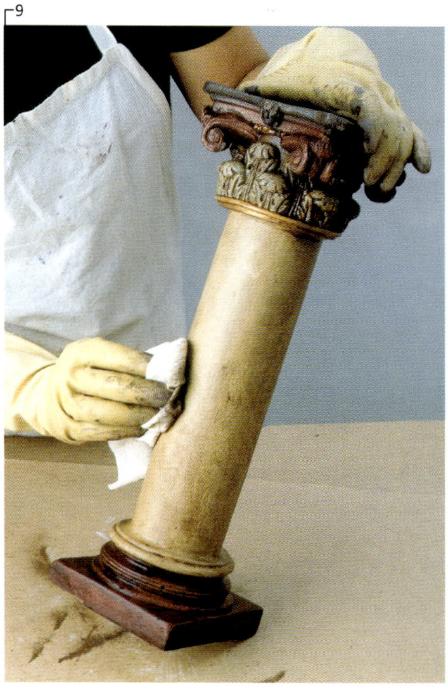

10

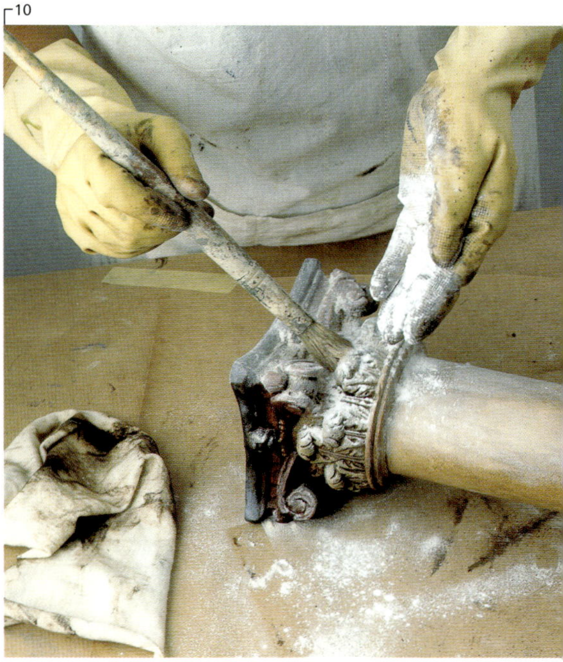

8- Bestreichen Sie die gesamte Säule mit schwarzer Wachspatina, und stupfen Sie die Fläche leicht, um eventuelle Pinselspuren zu beseitigen.

9- Entfernen Sie den Wachsüberschuß unter leichtem Tupfen mit einem weichen Tuch. Verteilen Sie das Wachs dabei gleichmäßig über die ganze Fläche.

10- Bepudern Sie das Relief mit einem kleinen Pinsel und Talkum, bevor die Patina trocknet. Drücken Sie das Talkum an den Krümmungen zusätzlich an, weil es dort schlecht haftet. Trocknungszeit 2 Stunden.

11

12

11- Entfernen Sie das überschüssige Talkum mit einem trockenen Pinsel. Bearbeiten Sie besonders die Vertiefungen.

12- Polieren Sie die ganze Säule vorsichtig mit einem weichen Tuch, damit die Untergrundfarben lebhafter und stärker sichtbar werden. So entsteht ein zartes seidenglänzendes Endergebnis.

13

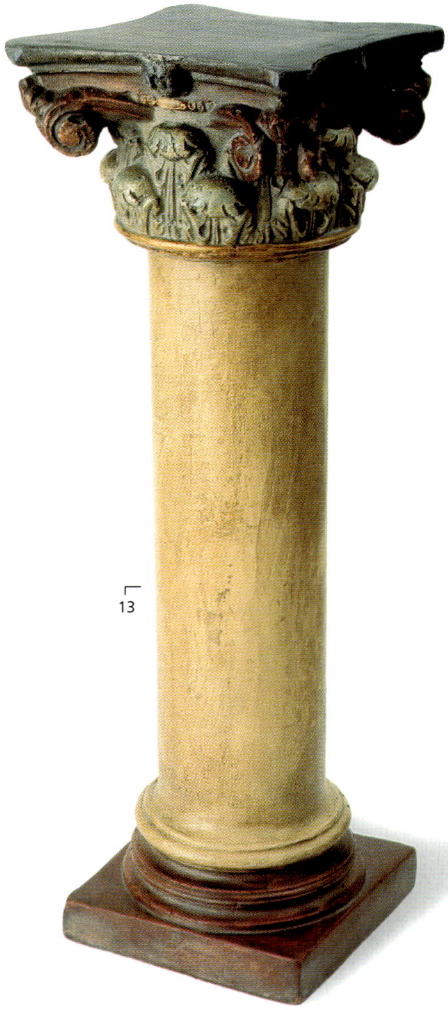

13- Die fertige Arbeit.

Dunkle Polychromie

Eine der traditionellen Techniken, einen Gegenstand mehrfarbig zu gestalten, besteht darin, ihn mit Blattgold – manchmal auch mit Feingold – zu bedecken und anschließend so mit Ölfarben zu bemalen, daß das Gold aufgrund der Transparenz teilweise sichtbar bleibt. Die gelegentlich etwas zu grellen Ergebnisse werden mit der Zeit immer schöner. Um diese Alterungspatina, die sich mit den Jahren einstellt, geht es hier.

1

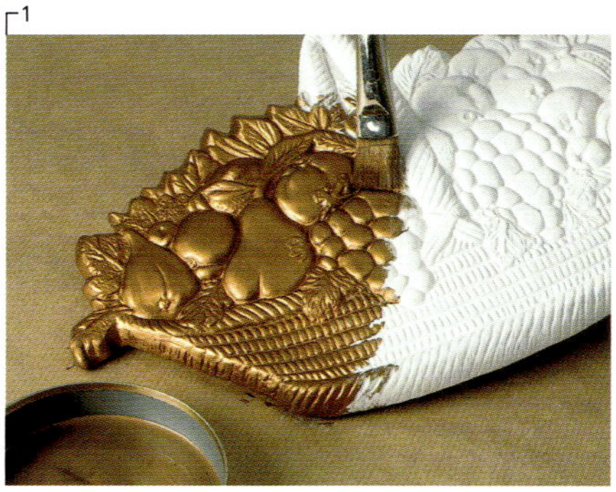

1- Überziehen Sie das Objekt mit versiegelnder Acrylgrundierung, und lassen Sie es 2 Stunden trocknen. Bedecken Sie die ganze Fläche anschließend mit goldgelber Acrylfarbe. Fügen Sie, falls nötig, eine zweite Schicht hinzu, damit der Ton gleichförmig wird. Trocknungszeit 30 Minuten.

2

2- Tragen Sie eine geringe Menge Mittelgrün auf einige Stellen. Dies geschieht am einfachsten, indem man die Farbe mit dem Finger behutsam auf die Fläche reibt, ohne den vorigen Ton ganz abzudecken.

3- Legen Sie die restlichen Farben, die Sie gewählt haben, ebenfalls mit dem Finger auf die einzelnen Stellen, ohne den Untergrund abzudecken oder die Vertiefungen auszufüllen. Das Verfahren gleicht in etwa der Anlage von Gebrauchsspuren.

4- Wenn Sie möchten, können Sie auch einen fast trockenen Stupfpinsel mit ganz wenig Farbe füllen und den Überschuß mit Saugpapier entfernen.

5- Hat die Fläche zuviel Farbe bekommen, entfernen Sie den Überschuß durch vorsichtiges Reiben mit einem Lappen und holen die Untergrundfarbe stellenweise wieder hervor. Trocknungszeit 1 Stunde.

6- Tragen Sie anschließend mit einem flachen Schweinsborstenpinsel eine Mischung aus Wachs und Asphaltgraphit auf das ganze Objekt, und behandeln Sie insbesondere die Winkel und Vertiefungen. Die Menge der Patina hängt von dem Ergebnis ab, das Sie anstreben. Soll es nicht zu dunkel ausfallen, entfernen Sie die Patina teilweise mit der Tuchspitze.

3

4

5

6

7

8

9

10

7- Bepudern Sie das ganze Objekt vor dem Trocknen der Patina mit Talkum. Das Talkum mildert die zu starken schwarzen Kontraste und sorgt für ein zarteres Endergebnis. Trocknungszeit 24 Stunden. Manchmal verwendet man auch Holzasche statt Talkum zum Altern der Patina und imitiert damit den Staub, der sich in den Flachreliefs antiker Gegenstände absetzt. Dann ist das Ergebnis dunkler. Diese Technik wird häufig für Bühnenbilder und Spezialeffekte eingesetzt.

8- Entfernen Sie das überschüssige Talkum mit einem trockenen Flachpinsel. Lassen Sie jedoch einiges in den Vertiefungen zurück.

9- Reiben Sie mit einem weichen Tuch vorsichtig über die Erhebungen, damit die Untergrundfarbe wieder hervortritt. Dabei können Sie zu dunkle Stellen mildern, in dem Sie die Töne des Fonds sichtbar machen.

10- Stellen Sie mit dem Finger kleine Reflexe aus Vergoldungswachs her, damit ein metallischer Glanz ähnlich wie bei abgenutztem Gold entsteht. Eine halbe Stunde trocknen lassen. Polieren Sie das ganze Objekt mit einem weichen Tuch, und bearbeiten Sie insbesondere die vergoldeten Stellen.

11

11- Die fertige Arbeit.

Grünspan

Die große Vielfalt der Strukturen und Farben von metallischer Patina, die sich im Laufe der Jahre durch den Einfluß der Elemente einstellt, läßt sich auf einfache Weise mit handelsüblichem Material imitieren. Viele Metallmaler verwenden stark toxische Säuren, um genau diesen Effekt auf Bronze, Kupfer oder Messing zu reproduzieren. Aber auch mit Farbe läßt sich das Ergebnis auf jeder Oberfläche erreichen.

1

1- Versiegeln Sie die Oberfläche des Gipsstücks mit einer Grundierung, und lassen Sie diese 2 Stunden trocknen. Tragen Sie dunkelgrüne Acrylfarbe auf die gesamte Fläche. Fügen Sie, falls nötig, nach dem Trocknen eine zweite Schicht hinzu. Trocknungszeit 2 Stunden.

2

3

2- Verdünnen Sie Ölfarbe in Kobaltgrün mit etwas Balsamterpentin, um eine cremige Konsistenz zu erhalten, und tragen Sie die Farbe auf die gesamte Fläche. Variieren Sie die Dicke und die Struktur, damit eine realistischere Wirkung entsteht, und berücksichtigen Sie insbesondere die Ecken und Winkel.

3- Reiben Sie unter ungleichmäßigem Druck über die Erhebungen, und entfernen Sie den Farbüberschuß von manchen Stellen.

4

4- Tauchen Sie vor dem Trocknen der Ölfarbe einen Flachpinsel in Balsamterpentin, und besprenkeln Sie die Oberfläche damit. Das Terpentin zieht die Farbe teilweise mit und läßt die Oxidierung natürlicher erscheinen.

5

5- Um den Farbkontrast zu verstärken, reiben Sie mit einem in Terpentin getauchten Lappen über die Fläche, so daß kleine Flecken entstehen, in denen die Untergrundfarbe wieder auftaucht. Trocknungszeit 24 Stunden.

6

6- Um den typischen Glanz von Metall wiederzugeben, tragen Sie mit dem Finger ungleichmäßig Vergoldungswachs auf jene Erhebungen, die Sie betonen möchten. Trocknungszeit eine halbe Stunde. Da es sowohl rötliches wie gelbliches Vergoldungswachs gibt, kann man die Farbe je nach gewünschtem Ergebnis wählen.

7

7- Polieren Sie das ganze Stück mit einem Tuch oder einem weichen Lappen, und bearbeiten Sie insbesondere die Reliefs mit dem Metallwachs. Auf diese Weise entsteht ein natürlicher Glanz.

8

8- Die fertige Arbeit.

Kapitell mit Marmorpulver

Die Struktur, die Farbe und die Form sorgen dafür, daß ein schlichtes Element im Laufe der Jahre an Bedeutung und Reiz gewinnt. Architektonische Teile und Fragmente, die man bei Ausgrabungen findet, haben oft große Schönheit angenommen. Gelegentlich reproduziert man diese Wirkung für Bühnenbilder und Schaufenstergestaltungen, dann allerdings stark übertrieben. Bei kleineren Stücken kann sie jedoch sehr dekorativ sein.

1- Versiegeln Sie das gesamte Element mit einer Schicht Acrylgrundierung, und lassen Sie es 2 Stunden trocknen. Überziehen Sie die Fläche anschließend gleichförmig mit dunkelbrauner Acrylfarbe. Trocknungszeit ebenfalls 2 Stunden.

1

2

3

4

2- Tragen Sie nach Ablauf der 2 Stunden helles Beige in ungleichmäßiger Form abschnittweise auf das gesamte Element.

3- Bearbeiten Sie rasch einige Stellen mit einem Lappen, bevor die Farbe getrocknet ist, um den Fond teilweise wieder hervorzuholen. Trocknungszeit eine halbe Stunde. Ist die Farbe zu trocken und läßt sich nicht mehr entfernen, feuchten Sie den Lappen mit etwas Alkohol an und gehen besonders behutsam vor, damit sich die Untergrundfarbe nicht ebenfalls ablöst.

4- Schatten Sie einige Stellen mit Hellbraun ab. Arbeiten Sie abschnittweise, damit die Farbe nicht zu schnell trocknet.

5

5- Reiben Sie einige Stellen unterschiedlich stark mit einem Lappen, damit die Farben sich mischen. Trocknungszeit 1 Stunde. Durch Überlagerung der Farben wird der Effekt realistischer. Deshalb darf keine Farbe die darunterliegende vollständig abdecken.

6- Verdünnen Sie matten Alkydharzlack mit Terpentin im Verhältnis 70 % zu 30 %, und überziehen Sie das gesamte Element damit. Sorgen Sie dafür, daß sich die Mischung ungleichmäßig in den Vertiefungen ansammelt. Lassen Sie die Arbeit 10 Minuten trocknen, damit sie „Biß" bekommt.

6

7

8

9

7- Überziehen Sie das Element mit einem flachen Schweinsborstenpinsel mit Marmorpulver. Füllen Sie die Vertiefungen ungleichmäßig, um Gebrauchsspuren an den neuen Formen anzubringen. Für diese Wirkung können Sie auch ein anderes Material verwenden, zum Beispiel Sand oder Erden unterschiedlicher Körnung und Struktur. Auch Talkum in größerer Menge kann diesen visuellen Effekt erzeugen. Entfernen Sie alles überschüssige Marmorpulver abschnittweise mit einem Lappen, bevor der Lack zu trocknen beginnt.

8- Auf sehr flachen Flächen bringt man das Marmorpulver ungleichmäßig und eher unauffällig mit den Händen an, also nur in geringer Menge. Trocknungszeit 24 Stunden.

9- Entfernen Sie das restliche Marmorpulver mit einer weichen Wurzelbürste, indem Sie mehr oder weniger stark über die Fläche streichen.

10

10- Um unterschiedliche Tonwerte zu erhalten, schatten Sie einige Stellen äußerst behutsam mit dem beinahe trockenen Pinsel und dunkelbrauner Farbe ab.

11

11- Legen Sie auf dieselbe Weise einige hellbraune Effekte an.

12

12- Die fertige Arbeit.

Bronze

Die dekorative Malerei hat häufig das Ziel, einen Gegenstand so aussehen zu lassen, als wäre er aus kostbarem Material. Mit der Wahl der richtigen Farben und einer zarten Patina sind manche Effekte wirklich spektakulär. Die Reproduktion der Metalle ist unterschiedlich kompliziert. Die Imitation von Bronze auf Gegenständen aus Gips, Kunststoff oder Holz grenzt beinahe an Zauberei, so realistisch kann die visuelle Wirkung sein. Dieser Torso des Mars ist ein gutes Beispiel dafür.

1

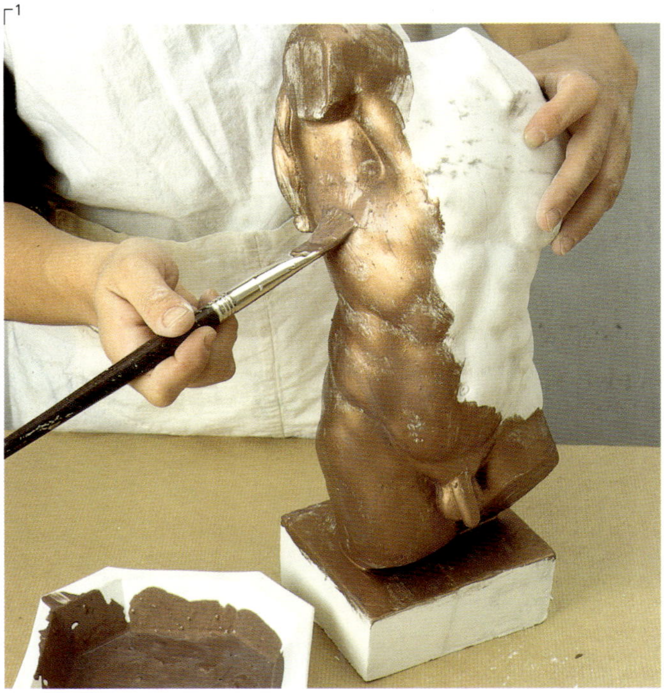

1- Versiegeln Sie den Torso mit einer Schicht Acrylgrundierung, und lassen Sie ihn 2 Stunden trocknen. Tragen Sie eine Schicht Acrylfarbe in Bronze auf die gesamte Fläche, und lassen Sie diese 2 weitere Stunden trocknen. Metallfarben sind nicht stark deckend. Deshalb benötigt man manchmal 2 oder 3 Schichten für eine gleichförmige Fläche. Lassen Sie jede Schicht einzeln trocknen.

2

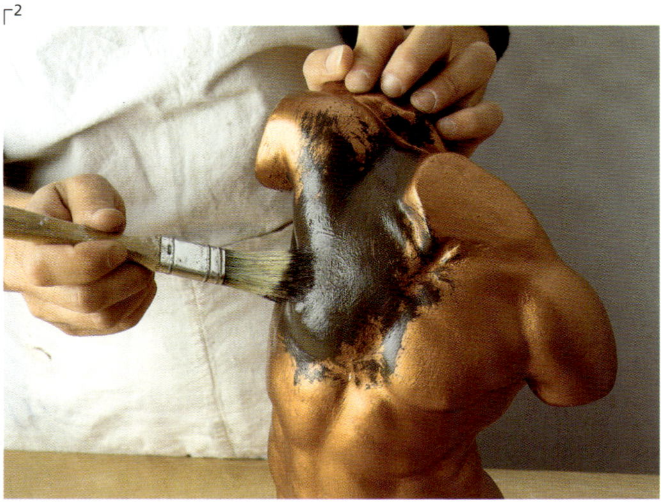

2- Tragen Sie abschnittweise graubraune Acrylfarbe unter leichtem Schlagen des Pinsels auf, damit die Streifen, die der Haarkörpers hinterlassen kann, die Wirkung nicht zerstören. Arbeiten Sie in kleinen Abschnitten, da die Acrylfarbe rasch trocknet.

3- Tupfen Sie einen Teil der Farbe behutsam mit einem Lappen wieder ab, damit die Untergrundfarbe hervortritt. Lassen Sie die Arbeit 1 Stunde trocknen.

4- Überziehen Sie den ganzen Torso mit einer Patina aus Asphaltwachs, und bearbeiten Sie insbesondere die Vertiefungen. Auch dies geschieht durch behutsames Tupfen mit dem Pinsel.

3

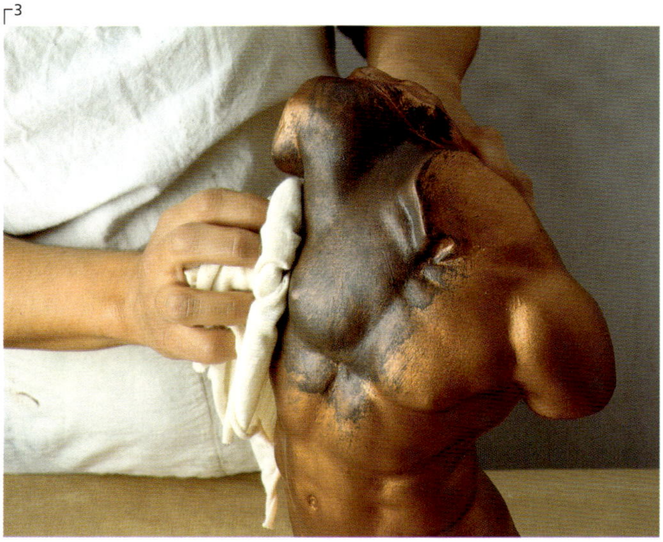

4

5

6

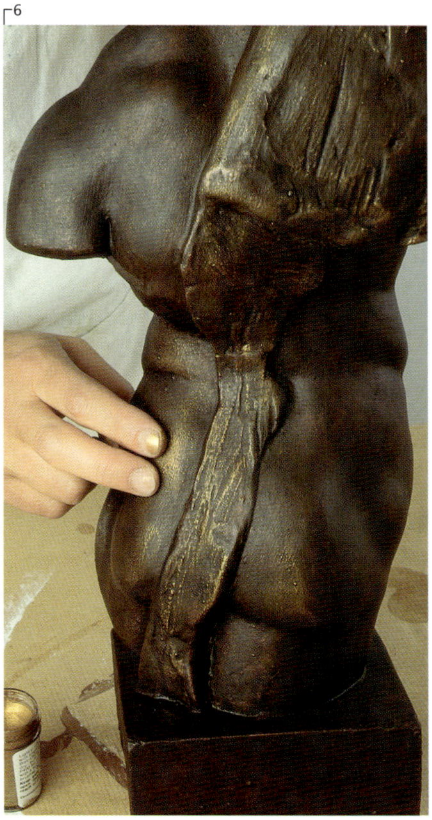

5- Mildern Sie die dunkle Wirkung, indem Sie einen weichen Lappen leicht auf die Fläche drücken. Keinesfalls streichen! Lassen Sie den Torso 2 Stunden trocknen.

6- Nehmen Sie eine geringe Menge Bronzewachs, und verstreichen Sie diese auf den Fingerspitzen. Reiben Sie ohne Druck ungleichmäßig über den Torso, und bearbeiten Sie insbesondere die erhabenen Flächen. Trocknungszeit eine halbe Stunde. Bevor Sie das Wachs auftragen, sollten Sie an einer unauffälligen Stelle nachprüfen, ob die Menge korrekt ist. Mit zuviel Wachs würden Sie die Wirkung übertreiben. Ist die Bronzewirkung irgendwo zu stark ausgefallen, können Sie die Schicht durch Bearbeitung mit farblosem Wachs entfernen, müssen aber achtgeben, daß der schwarze Fond nicht ebenfalls verschwindet.

7

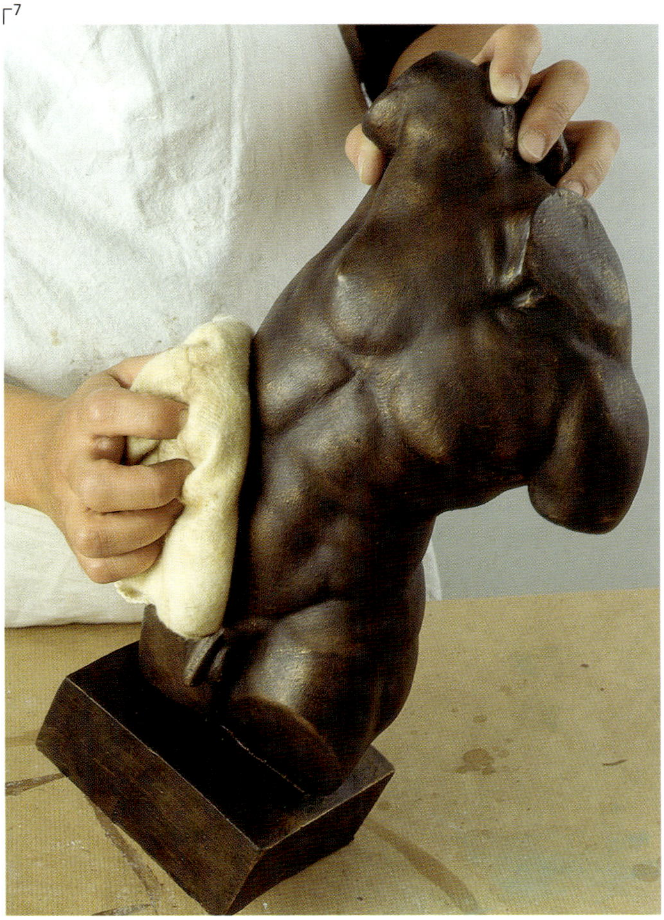

7- Polieren Sie den ganzen Torso mit einem weichen Baumwolltuch, um die Metallreflexe durch das Bronzewachs hervorzuheben.

8

8- Die fertige Arbeit.

Altsilber

Seit dem 16. Jahrhundert imitiert man zahlreiche kostbare Metalle. Silber gehört zwar nicht zu den teuersten Edelmetallen, hat aber seine eigene Imitationstechnik mit Farbe. Man findet heutzutage Stücke aus Gips, Harz oder Holz, die aufgrund ihrer Form an Schmiedearbeiten aus echtem Silber erinnern. Für eine realistische Wirkung ist die Form des Stücks, das man dekorieren möchte, von großer Bedeutung. Ein Gipsrahmen eignet sich wegen seiner Ornamente hervorragend für diese Technik.

1

1- Versiegeln Sie den gesamten Rahmen mit Acrylgrundierung, und lassen Sie ihn 2 Stunden trocknen. Tragen Sie anschließend gleichförmiges Acrylschwarz auf die Fläche. Wiederholen Sie das Verfahren nach dem Trocknen, falls nötig.

2

2- Überziehen Sie den ganzen Rahmen mit silberner Acrylfarbe, jedoch ohne in die Vertiefungen zu dringen. Arbeiten Sie abschnittweise, bevor die Farbe zu trocknen beginnt.

3

3- Reiben Sie mit einem Baumwolltuch mehr oder weniger stark über den ganzen Rahmen, um unterschiedliche Tonwerte zu erhalten. Lassen Sie die Arbeit nach Abschluß 1 Stunde trocknen.

4

4- Tragen Sie mit einem kleinen Pinsel Asphaltwachs auf den ganzen Rahmen, und bearbeiten Sie insbesondere die Ecken.

5

5- Entfernen Sie einen Teil des Asphaltwachs mit einem Lappen, damit die Wirkung unregelmäßiger wird.

6

6- Bepudern Sie das gesamte Stück mit Talkum. Verwenden Sie dazu einen kleinen harten Pinsel, der in die Winkel und Vertiefungen dringt.

7

7- Arbeiten Sie das Talkum anschließend mit sanften kreisenden Bewegungen desselben Pinsels in die Oberfläche ein, damit es gut haftet.

8- Bevor die Fläche zu trocknen beginnt, streichen Sie zart mit den Händen darüber, damit das Talkum mit dem Asphaltwachs verschmilzt. Arbeiten Sie solange, bis das Talkum von den Händen gleitet und trocken ist. Lassen Sie die Arbeit 30 Minuten ruhen.

8

9

10

9- Entfernen Sie die Talkumreste mit einem trockenen Flachpinsel, und beseitigen Sie vor allem den Überschuß, der in den Vertiefungen und den Winkeln zurückgeblieben ist.

10- Beseitigen Sie die letzten Talkumreste durch Polieren mit einem weichen Tuch. Alles lose Talkum muß unbedingt entfernt werden.

11- Nehmen Sie eine geringe Menge Silberwachs mit den Fingerspitzen auf, und tragen Sie es insbesondere auf die Erhebungen. Das mehr oder weniger dunkle Endergebnis hängt von der Wachsmenge ab. Reiben Sie äußerst zart. Lassen Sie die Arbeit eine halbe Stunde trocknen, und polieren Sie sie anschließend mit einem weichen Tuch.

11

12

12- Die fertige Arbeit.

Färbung und Alterung

Manchmal findet man alte vertraute Möbel in der Garage oder auf dem Speicher, die keinen materiellen Wert besitzen, dafür aber sentimentale Erinnerungen in uns wecken. Gelegentlich weisen sie Löcher oder Kratzer auf, die auf kindliche Streiche zurückzuführen sind. Das Aussehen, das sie mit der Zeit erhalten haben, erfüllt sie mit Leben und Nostalgie. In der folgenden Übung können Sie die Ausstrahlung dieser Stücke imitieren, indem Sie die Abnutzung künstlich beschleunigen.

1

1- Legen Sie einige Nägel und Schrauben auf ein Baumwolltuch, und bilden Sie einen Beutel. Verwenden Sie nach Möglichkeit Nägel und Schrauben unterschiedlicher Größe, damit die Wirkung vielfältiger wird.

2

2- Schlagen Sie mit dem Beutel auf etliche Stellen des Möbels, um die kleinen Löcher der Holzwürmer zu imitieren. Arbeiten Sie ungleichmäßig, damit die Wirkung realistisch wird.

3

3- Streichen Sie mit einer Drahtbürste über die Kanten, um sie zu beschädigen. Auf diese Weise entstehen Abnutzungsspuren. Je nach Druck fallen sie unterschiedlich stark aus. Beseitigen Sie den Holzstaub mit einem Tuch.

4

4- Stellen Sie mittelbraune Lasurfarbe aus 1 Teil Pigmente sowie 1 Teil Latex und 4 Teilen Wasser her. Überziehen Sie den ganzen Stuhl in Maserrichtung damit. Trocknungszeit 2 Stunden.

5

5- Nach der Anlage von Lasuren auf Wasserbasis ist die Oberfläche manchmal etwas rauh. Glätten Sie sie vorsichtig mit mittelkörnigem Schleifpapier, damit sie sich angenehmer anfühlt.

6

6- Überziehen Sie die Fläche zum Schutz mit mattem Synthetikfirnis aus 70 % Lack und 30 % Terpentin. Verstreichen Sie den Firnis gut, damit er keine Tropfen bildet. Trocknungszeit 24 Stunden.

7- Zeichnen Sie das Motiv zum Dekorieren auf Seidenpapier, und kopieren Sie es mit Pauspapier auf die Rückenlehne des Stuhls. Pauspapier gibt es in mehreren Farben. Für dunkle Flächen empfiehlt sich eine helle Sorte, damit die Zeichnung gut sichtbar ist.

7

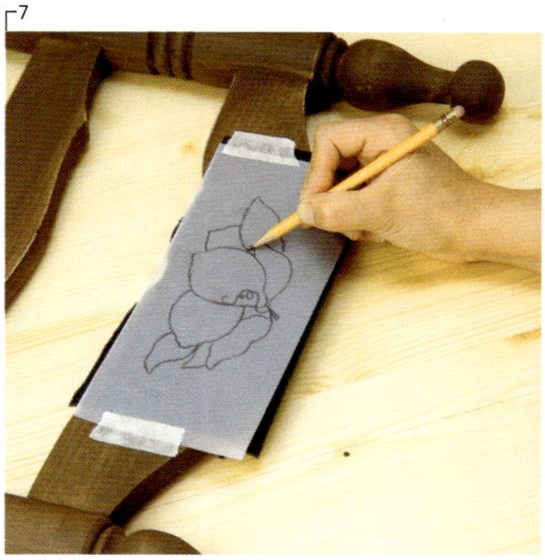

8

9

8- Malen Sie das ausgewählte Motiv mit Acrylfarbe in Künstlerqualität. Arbeiten Sie mit dünnen Schichten, um größere Tiefe zu erhalten, und legen Sie nach und nach Licht und Schatten an, damit das Motiv Volumen erhält.

9- Wählen Sie eine Farbe, die sich vom Untergrund abhebt, und malen Sie einige Details, um eine aufwendigere Dekoration zu erhalten. Lassen Sie die Arbeit eine Stunde trocknen.

10
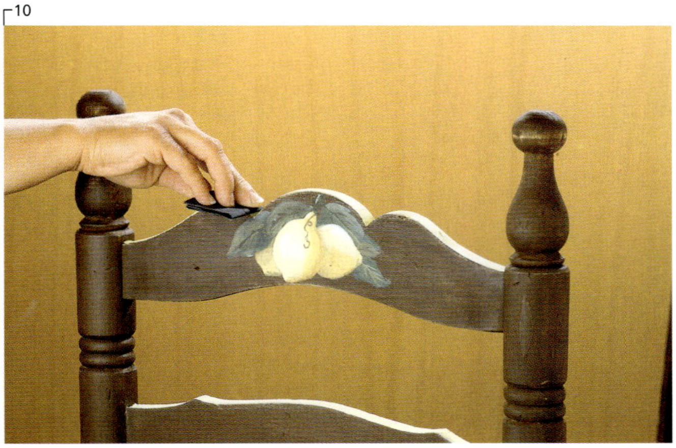

10- Rauhen Sie das farbige Motiv leicht mit Schleifpapier mittleren Korns an, damit Abnutzungsspuren entstehen. Es wäre nicht sehr dekorativ, wenn die Zeichnung neu wirkte. Stauben Sie das Motiv mit einem Lappen ab, und überziehen Sie es mit Schutzfirnis. Trocknungszeit 24 Stunden.

11- Überziehen Sie den ganzen Stuhl mit einer Mischung aus Asphaltgraphit und farblosem Wachs, und dunkeln Sie ihn auf diese Weise ab. Entfernen Sie den Überschuß vor dem Trocknen durch sanftes, ungleichmäßiges Schlagen mit einem Baumwolltuch, damit der Alterungsprozeß nicht zu ebenmäßig wirkt. Lassen Sie den Stuhl 3 Stunden trocknen, und polieren Sie ihn anschließend mit einem weichen Tuch.

11

12

12- Die fertige Arbeit.

Gold und Oxide

Beim Dekorieren mit Metall geht es darum, Gold, Silber oder anderes Edelmetall als feine Folie auf eine Fläche zu tragen.

Damit die Arbeit gut gelingt, muß der Untergrund absolut glatt sein, da sich jede Unvollkommenheit im Endergebnis bemerkbar machen würde.

Die unterschiedlichen Oxidationen, die wir anschließend beschreiben, erfolgen auf Falschgold, da sich Oxidationen mit Säuren auf Echtgold nicht ausführen lassen.

Es gibt mehrere chemische Lösungen, mit denen sich eine Oxidationswirkung erzielen läßt. Einige sind sehr giftig oder gefährlich in der Handhabung. Wir haben Produkte ausgewählt, die leicht zu beschaffen sind und die zum Teil auch im Haushalt verwendet werden. Sie stellen keinerlei Gefahr beim Oxidieren dar.

Oxidieren mit Schellack

Schellack bewirkt eigentlich keine Oxidation. Der Effekt, den man in unserer Übung damit erhält, hat jedoch große Ähnlichkeit mit dem Aussehen von Gegenständen, die tatsächlich oxidiert sind.

1

1- Normalerweise benutzt man Gesso als Grundlage für Vergoldungen. Bei dieser Übung braucht die Fläche jedoch nicht völlig glatt zu sein, da wir ein gealtertes Aussehen erhalten wollten, auf dem wir anschließend unterschiedliche Effekte anlegen können. Überziehen Sie das ganze Objekt gleichförmig mit versiegelnder Acrylgrundierung, und lassen Sie die Arbeit 4 Stunden trocknen. Falls Sie ein strukturierteres Ergebnis wünschen, streichen Sie die Grundierung mit kleinen Pinselstrichen in alle Richtungen.

2

2- Wählen Sie die Grundfarbe entsprechend dem Kontrast, den Sie mit dem Gold erreichen möchten. In diesem Fall decken wir die gesamte Fläche mit schwarzer seidenglänzender Alkydharzfarbe ab. Trocknungszeit etwa 8 Stunden.
Die genaue Trocknungszeit von Alkydharzfarbe richtet sich nach den Angaben des Herstellers und kann daher variieren. Lesen Sie die Hinweise sehr genau.

3

3- Verdünnen Sie den Öllack zu 50 % mit Terpentin. Auf diese Weise trocknet er schneller. Überziehen Sie das gesamte Objekt mit dem Lack, und lassen Sie die Oberfläche leicht anziehen.

4- Kleben Sie das erste Falschgoldblättchen auf die Fläche, und reiben Sie es vorsichtig von einer Ecke aus an. Befestigen Sie die nächsten Blätter auf dieselbe Weise, bis der ganze Gegenstand bedeckt ist.

5- Drücken Sie das Falschgold leicht mit einem Wattebausch an, damit sich keine Blasen bilden und die Blätter gut haften. Für letzteres können Sie auch einen Polierpinsel mit weichem Haar verwenden.
Bestehen noch Risse oder kleine unbedeckte Stellen, schließen Sie diese mit Folienschnipseln.

4

5

6- Reiben Sie behutsam mit Stahlwolle Nr. 000 über die Fläche, um das Metall etwas zu zerkratzen und die Untergrundfarbe als Kontrast wieder hervorzuholen. Wünschen Sie stärkere Abnutzungspuren, feuchten Sie die Stahlwolle vorher etwas mit Terpentin an.

7- Tönen Sie den Schellack mit Pigmenten in Umbra gebrannt, damit er eine dunkle Farbe annimmt. Sie können auch andere Farbpigmente zum Abtönen verwenden. Überziehen Sie anschließend die gesamte vergoldete Fläche mit dem Schellack.

8- Besprenkeln Sie die Fläche vor dem Trocknen rasch mit einem in Terpentin getauchten Pinsel, damit sich kleine Flecken auf dem Schellack bilden, die eine sehr dekorative Oxidation imitieren. Lassen Sie die Arbeit trocknen. Sie können das Verfahren mehrmals wiederholen und die Farbe des Schellacks jeweils verändern. Jede Schicht muß sorgfältig trocknen.

Alterung mit Öl

Traditionell wird Blattgold auf vielfältige Weise mit Ölfarben verziert. Bei dieser Übung mit einfacher Schwammtechnik in kontrastierendem Ton können Sie den Gegenstand ungleichmäßig altern lassen.

1- Tragen Sie eine Schicht dunkelgrüne seidenglänzende Alkydharzfarbe auf die zuvor mit einer Acrylgrundierung versiegelte Fläche. Lassen Sie die Arbeit 8 Stunden trocknen.

2- Bedecken Sie die ganze Fläche wie zuvor mit Falschgoldblättchen. Rauhen Sie den Gegenstand unregelmäßig mit Stahlwolle Nr. 000 an, damit einige Stellen abgenutzter wirken als andere.

3- Verdünnen Sie dunkelbraune Ölfarbe mit etwas Terpentin. Tauchen Sie einen Schwamm in die Farbe, und tupfen Sie die gesamte vergoldete Fläche vorsichtig damit ab. Trocknungszeit 24 Stunden. Überziehen Sie den Gegenstand mit 2 Schichten seidenglänzenden Polyurethanfirnis, und lassen Sie jede Schicht einzeln trocknen. Sie können das Endergebnis verändern, indem Sie andere Farben wählen und diese abwechselnd verwenden, so daß unterschiedliche Töne entstehen.

Oxidation mit Kaliumsulfit

Die Oxidation mit Kaliumsulfit kann ganz zart, aber auch äußerst spektakulär ausfallen. Deshalb muß man unbedingt eine Probe der jeweiligen Konzentration an einer unauffälligen Stelle machen, um die Reaktion im voraus zu ermitteln.

1

1- Tragen Sie seidenglänzende Alkydharzfarbe in Englischrot auf die zuvor mit Acrylgrundierung versiegelte Fläche. Sie können auch eine andere Grundfarbe wählen, die mit der Oxidation kontrastiert.

2

2- Bedecken Sie die gesamte Oberfläche mit Metallblättchen. Sie sind in unterschiedlichen Sorten und Tönen erhätlich, angefangen von Gold über Silber und Kupfer bis zu Zinn. Reiben Sie mit Stahlwolle Nr. 000 vorsichtig über die Fläche, um sie etwas zu verkratzen.

3

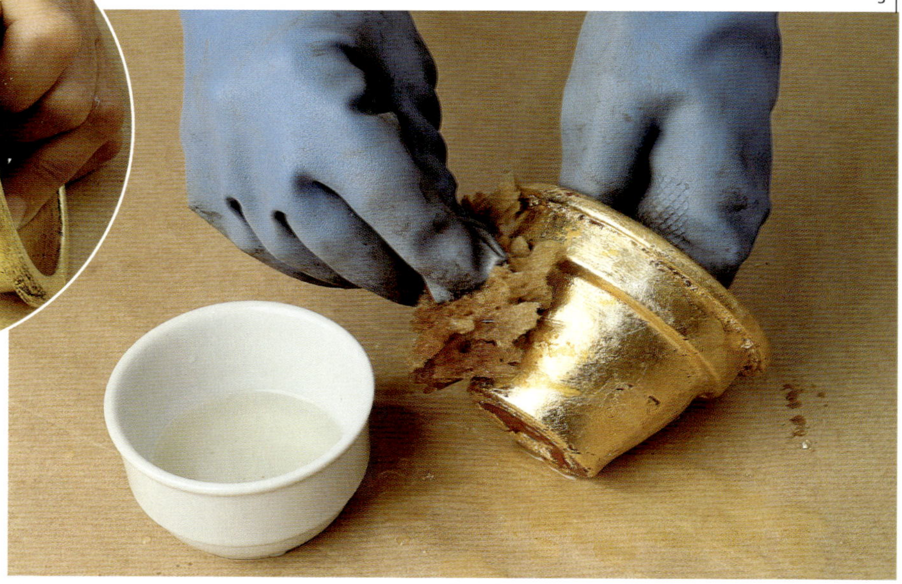

3- Lösen Sie ein etwa erbsengroßes Stück Kaliumsulfit in 10 Kaffeelöffel Wasser auf. Die Wirkung ist je nach Konzentration unterschiedlich. Tragen Sie beim Arbeiten unbedingt Schutzhandschuhe, da es sich um ein ätzendes, korrosives Mittel handelt. Tauchen Sie einen Schwamm in die Lösung, und tragen Sie das Kaliumsulfit in unterschiedlicher Stärke auf die vergoldete Fläche. Lassen Sie die Schicht trocknen, damit das Sulfit je nach Konzentration mehr oder weniger starke Oxidationseffekte auslösen kann.

4

4- Die Konzentrationswirkung ist schwierig zu kontrollieren. Deshalb kann das Ergebnis je nach Temperatur und Raumfeuchtigkeit sehr unterschiedlich ausfallen. Um den Oxidationsprozeß aufzuhalten und den Gegenstand zu schützen, tragen Sie zum Abschluß drei Schichten Polyurethanfirnis auf, wobei jede Schicht vor der Anlage der nächsten getrocknet sein muß.

Oxidation mit Essig

Essigsäure erzeugt je nach Einwirkungsdauer eine sehr dekorative Oxidation. Zitronensäure, die man häufig ebenfalls im Haus hat, liefert ähnliche Ergebnisse. Auch mit Seifenlauge auf Silberblättern ist die Wirkung äußerst dekorativ.

1

1- Versiegeln Sie die Oberfläche mit Acrylgrundierung. Wählen Sie eine Grundfarbe, die mit den Goldblättchen kontrastiert. In diesem Fall verwenden wir seidenglänzende Alkydharzfarbe in blaustichigem Hellgrün. Malen Sie die Oberfläche, und lassen Sie diese 8 Stunden trocknen.

2- Bedecken Sie den gesamten Gegenstand mit Metallblättchen. Tauchen Sie kleinere Stücke Saugpapier in Essig. Es gibt mehrere Essigsorten, die zu unterschiedlichen Ergebnissen führen. In diesem Fall verwenden wir Speiseessig, der sich normalerweise in jedem Haushalt befindet.

2

3- Bedecken Sie den Gegenstand mit dem angefeuchteten Saugpapier, und lassen Sie einige Stellen frei. Drücken Sie das Papier vorsichtig an, damit es besser haftet. Alle Kontaktstellen oxidieren und bilden einen Kontrast zur Untergrundfarbe. Lassen Sie die Arbeit eine Stunde trocknen, und kontrollieren Sie zwischendurch den Oxidationsgrad.

3

4

4- Nachdem die gewünschte Wirkung erzielt ist, ziehen Sie das Saugpapier sorgfältig vom ganzen Gegenstand wieder ab. Soll die Wirkung sehr stark sein, dauert es bis zu 24 Stunden.

5

5- Säubern Sie die Oberfläche mit Wasser, um die Essigreste zu entfernen und den Prozeß aufzuhalten. Tragen Sie anschließend 3 Schichten Polyurethanfirnis auf, und lassen Sie jede Schicht einzeln trocknen.

6

6- Die fertige Arbeit.

Glossar

A

Acrylfarbe
Farbe auf Wasserbasis, die rasch trocknet und dann wasserunlöslich ist.

Alterung, künstliche
Anlage von Gebrauchsspuren, um die vergangene Zeit oder die Abnutzung von Holz, Kunststoff oder neuem Material zu imitieren. Dekoratives Verfahren, um einer gemalten Fläche ein altes, verstaubtes Aussehen zu verleihen.

Asphaltgraphit
Synthetischer Asphalt, der für Alterungseffekte verwendet und für zartere Wirkungen mit farblosem Bienenwachs gemischt wird.

Ausschneidetechnik
Verfahren zum Dekorieren von Gegenständen und Wänden mit ausgeschnittenem Papier, alten Stichen oder Fotokopien.

B

Balsamterpentin
Doppelt destilliertes harzfreies Terpentinöl bester Herkunft. Verdünnungsmittel für Ölfarben etc.

Bauhaus
Schule für gestaltendes Handwerk, Architektur und bildende Kunst, gegründet 1919 in Weimar.

Bindemittel
Zusätze unterschiedlicher Herkunft zum Binden und Haften der Farbpigmente auf der Leinwand.

D

Deckungsvermögen
Gegensätzliche Wirkung von Transparenz. Die Farbe besitzt genügend Körper, um eine Fläche vollständig abzudecken.

E

Emailfarbe, synthetische
Fette Ölfarbe für emailähnlichen Glanz auf glatten Flächen oder als Grundlage für Effekte mit Ölfarben.

Emulsion
Feinste Verteilung einer Flüssigkeit in einer anderen, nicht mit ihr mischbaren Substanz. Grundlage für Farben.

F

Firnis
Wird zum Schutz von dekorierten Flächen aufgetragen und ist in unterschiedlicher Form auf Öl-, Alkohol- oder Wasserbasis erhältlich. Jede Sorte dient einem bestimmten Zweck.

G

Grundanstrich
Erste Schicht aus Alkydharz- oder Latex- bzw. Vinylfarbe als Untergrund für die zu erarbeitenden dekorativen Effekte.

Grundierung, versiegelnde
Spezialprodukt zur Vorbereitung von Holz, Gips oder Eisen, damit die Farben und die Effekte besser haften und haltbarer werden.

H

Hervorhebung
Aufsetzen von Farbtupfern in anderen Tönen als „Lichter", die für mehr Leuchtkraft sorgen.

I

Imitation
Nachahmung bestimmter Materialien wie Holz, Stein oder Marmor.

K

Kammzugtechnik
Durchstreichen der noch feuchten Lasurfarbe auf Öl- oder Wasserbasis mit den Zinken eines Gummikamms oder einem harten Pinsel.

Kaninchenleim
Gelatine tierischer Herkunft, die man im Wasserbad bereitet und als Leim und Bindemittel verwendet.

Krakelüre
Netzartig eingerissene Farbfläche. Entsteht durch Einwirkung der Zeit und künstlich. Letzteres geschah in Frankreich im 18. Jahrhundert.

L**asur**

Sehr dünne, transparente Farbe, die auf eine weitere Schicht getragen wird und diese nach dem Trocknen verändert. Sie besteht auf Wasser-, Öl- oder Lackbasis.

Leinöl

Pflanzliches Öl aus Leinsamen. Wird als Bindemittel für fette Farben und auch für Öllasuren verwendet.

M**armorieren**

Imitation der Marmorwirkung.

Maserieren

Imitation der Holzmaserung.

Mildern

Siehe verwischen.

Monochrom

Bezeichnung für eine Arbeit mit den Tonwerten einer einzigen Farbe.

Ö**llasurfarbe**

Mischung aus Balsamterpentin, Leinöl und Sikkativ mit unterschiedlichen Anteilen an Ölfarbe oder Pigmenten, die transparent bleibt.

P**atina**

Farbe oder Struktur einer Fläche aufgrund von Oxidation und Zeiteinwirkung.

Polychrom

Mehrfarbige Arbeit.

S**chablonieren**

Dekorieren von Wänden, Möbeln oder Gegenständen mit einem Motiv, das mit einer Schablone angebracht wird.

Schellack

Harz, das von einer Schildlaus, der Coccus lacca, in den Zweigen der Bäume erzeugt wird, auf denen sie lebt. Es ist transparent und in Alkohol löslich. Dient zum Versiegeln gewisser Flächen sowie zum Schutz von Arbeiten mit Blattgold.

Sikkativ

Chemisches Produkt, das Öllasuren zugesetzt wird, um die Trocknungszeit zu beschleunigen.

Streifiger Effekt

Entsteht durch Überstreichen einer Öl- oder Wasserlasur mit einem harten Flachpinsel. Die feinen markanten Linien ergeben eine hübsche Dekoration.

Struktur

Visuelle oder taktile Endverarbeitung eines Materials oder einer dekorierten Fläche

T**erpentinöl**

Reines Destillat aus dem Balsamharz von Nadelhölzern. Verdünnungsmittel für Ölfarben und Firnisse etc.

Terpentinersatz

Mildes Erdöldestillat mit ähnlichen Eigenschaften wie Terpentinöl. Hauptsächlich für Reinigungszwecke.

Tiefe

Visueller Eindruck aus Farben oder Lasuren, der den Anschein erweckt, man trete in das Bild ein.

Transparenz

Visuelle Wirkung von Lasuren auf Öl- und Wasserbasis. Durch Transparenz sich überlagernder Farben entsteht der Eindruck von Tiefe.

Trockener Pinsel

Arbeit mit dem trockenen Pinsel und sehr wenig Farbe, um einen verschwommenen Eindruck zu erhalten oder die überstehenden Elemente eines Gegenstands zu bemalen.

V**erblassen**

Verfahren, um einen Gegenstand oder eine frische Fläche künstlich altern zu lassen.

Verwischen

Verschmelzen einer Farbe, damit sie sich ganz oder teilweise in den Untergrund integriert.

W**andverkleidung**

Sockel unterschiedlicher Höhe, den man anstreicht oder tapeziert. Dient als Dekoration, aber auch als Schutz gegen Schläge und Verkratzungen.

Wasserbad

Wassergefäß auf einer Hitzequelle, in das man ein weiteres Gefäß gibt, dessen Inhalt vorsichtig erwärmt werden soll. Sehr geeignet für die Herstellung gewisser Leime und Gesso.

DANKSAGUNGFEN

Mein Dank gilt Jordi und meinen Söhnen für ihre große Geduld und Unterstützung. Ferner Adriana Berón für ihre große Hilfe und ihr Vertrauen. Ramon Peñarroya, der mich stets unterstützt und mir alles zur Verfügung gestellt hat, was ich benötigte. Meinen Freunden, Antonio, der immer zur Mitarbeit bereit war, und Pedro García für seine Unterstützung und stete Freundschaft.

DEKORATIVE MALTECHNIKEN

Titel der Originalausgabe:
„Pintura decorativa".
Aus dem Spanischen übertragen
von Christa L. Cordes

1. Auflage 2000

Texte und Durchführung der Übungen:
Maria Victoria López Santacruz

Layout der Reihe:
Josep Guasch

Fotografie:
Nos & Soto

Herstellung und Satz:
Verlagsservice Henninger GmbH, Würzburg

Printed in Spain

ISBN 3-933033-41-1

59.–